シンギングボウル入門

はじめに

「人生の目的は、幸せになることです」（ダライ・ラマ14世）

あなたは、「シンギングボウル」の音を聞いたことはありますか？

日本ではまだあまり目にすることはないかもしれませんが、ひょっとしたら、ヒーリングのお店やイベント、エスニック雑貨を扱うショップなどで、「ブーン」という不思議な音を出す楽器のような器をご覧になったことがあるかもしれません。

ひとくちにシンギングボウルと言っても、さまざまな種類があり、中でも、「チベットシンギングボウル」と呼ばれるボウルには、**現代に生きる私たちのさまざまな課題を解決してくれる力がある**ことが、この10年ほどでようやく解明されてきました。

現在あなたが次のような悩みや不安をお持ちでしたら、シンギングボウルはきっと

お役に立てるでしょう。

- 仕事や勉強に集中できず、すぐにイライラしてしまう
- いつも緊張していて、リラックスできない
- 忙しさの中で、自分に向き合う余裕がない
- 子どもやパートナー、部下、同僚にやさしくしてあげたいと思っているのに、ついつい怒ってしまう
- 同僚や友人との距離感がつかめず、傷つくのが怖い
- 自分や他人の悪いところ、欠点ばかりが目についてしまう
- 他人や社会のためになりたいが、その前に自分自身が疲れてしまっている
- 本当に自分が求めていることが何なのか、よくわからなくなってしまっている
- 人のためになりたいと思っても、自信がなくて行動に移せない

シンギングボウルを使った方からは、
「これまでにない癒しの感覚を得られた」

「気持ちが安らかになり、日々明るく過ごせるようになった」
「他人との関係が変わった」
「仕事に良い影響があった」
などといった声が寄せられています。

実際に試してみると実感されると思いますが、シンギングボウルは、単なる楽器や雑貨ではなく、自分を知り、高めていくためのツールです。手軽につきあおうとすれば簡単につきあえますが、より深くつきあおうとすれば、それだけ深いものを得ることができるのです。シンギングボウルを効果的に用いることで、**自分と向き合い、まわりの人々との関係を改善するきっかけになることでしょう。**毎日10分でも続けていただければ、心が落ち着き、前向きで幸せな人生が開けてくるに違いありません。

より深い癒しと浄化を求める方にとって、シンギングボウルが、大きな気づきへの一歩になることを確信しています。

本書には、シンギングボウルの演奏ＣＤをお付けしました。

シンギングボウルとはどんなものか試したいという方、精神集中やヨガ、瞑想などに使ってみたいという方にも、ぜひお楽しみいただきたいと思います。

シンギングボウル入門　もくじ

第3章 シンギングボウルで心身を浄化する方法

第4章 シンギングボウルの由来の謎

付属ＣＤの聴き方

・朝起きてすぐ、健やかな一日のはじまりに
・焦りや不安、しんどさを感じた時
・忙しい日々が続いて、ちょっと疲れている時
・仕事・勉強の集中力を高めたい時
・ヨガや瞑想のＢＧＭに
・お休み前に
・ペットのヒーリングに

※運転中など、眠気を催すと危険な状況では聴かないでください。

カバーデザイン　井上新八
本文デザイン　松好那名
写真　榊智朗
イラスト　櫻井砂冬美
校正　小倉優子

第 1 章

シンギングボウルの基本

シンギングボウルとは？

◆歌う器、シンギングボウル

シンギングボウルとは、日本語に訳すと「シンギング（歌う、音を出す）」「ボウル（器）」のことです。日本語ではカタカナでボール（Ball）とも書かれることがありますが、もともとが「器」ですので、正しくはボウル（Bowl）と表現したほうが良いでしょう。ボウルの目的は通常はモノを入れることですが、シンギングボウルは、スティックを用い、縁を叩いたりこすったりすることで音を出す目的で作られました。

現在よく見られるシンギングボウルの多くはおみやげ用で、インドやネパールの観光地で旅行者向けに売られています。また、そうした流れとは別に、欧米ではスピリチュアルツール、ヒーリングツール用としてのシンギングボウルも存在してきました。

日本では、シンギングボウルは主にインドやネパールから輸入され、エスニック雑貨のお店などが扱っています。一部では民族楽器に分類されているケースもあるようですが、エスニック系やヒッピー文化が好きな人、スピリチュアル愛好家以外では、ヒーリングビジネスに関わる方、癒しを求める一般の方などに注目されてきました。また、クリスタルボウル（クリスタルシンギングボウル）の影響と思われますが、西洋音階に音を調整して作られたシンギングボウルも出はじめているようです。

私たちは欧米と日本のヒーリングショップ、スピリチュアル専門店や、民族雑貨・楽器・チベットグッズを扱うお店などを訪れたり取り寄せたりし、それらのシンギングボウルを入手してみました。くらべてみると、ほとんどはインドやネパールのおみやげ屋さんで売られているものと同じ製品であり、実際に聞いてみると、やはりインド、もしくはネパールから輸入しているとのことでした。

◆さまざまなシンギングボウル

シンギングボウルは、広義では、金属製とクリスタルガラス製の2種類があり、後者はクリスタルボウル、またはクリスタルシンギングボウルと呼ばれています。金属製のシンギングボウルにも手製（ハンドメイド）と機械製のものがあります。

ハンドメイドの金属製シンギングボウルと、クリスタルボウルおよび機械製シンギングボウルとでは、できた経緯や背景などが大きく異なるようです。

クリスタルボウルについては、専門書もいくつか出ていますので、基本的には深くは触れません。本書では、クリスタルボウルや金属製の機械製シンギングボウルと区別し、ハンドメイドの金属製シンギングボウルを「チベットシンギングボウル」と呼ぶことにします。

チベットシンギングボウル

◆シンギングボウルの形・大きさ・色

一般的には、サラダボウルのような丸い形をしています。

横から見て高さが低いもの、高いもの、つぶれたような形、口が広がったもの、萎《しぼ》んだものなどもありますが、球体を横に切った形のものがほとんどです。

その大きさは、小さなものは直径数センチ程度で、手のひらで包んでしまえるサイズのものもありますが、一般的には直径10センチ前後から、大きなものは直径100センチ近いものまであります。

色については、どのシンギングボウルもほぼ共通です。原料の配合によって異なりますが、ほとんどが鈍い金色です。もとの地色に対し、磨くことで金色の光りを強めたもの、鈍い黒色に彩色したもの、無地のものに彫りを加えたものなどがあります。

一般的なシンギングボウルの場合、まれですが使われている原料の関係で、赤銅色、銀色、青銅色のものも見ることができます。

柄に関しては、チベット、ネパール、インドなどのモチーフやデザインが使われていますが、特にチベット文化やチベット仏教に関する絵柄や文字が描かれたり彫られていることが多いようです。

◆シンギングボウルとの出会い

2004年頃、私たちは、ある偶然のきっかけから、チベットシンギングボウルに出会いました。それまでもシンギングボウルのことは漠然とは知っていましたが、チベットの高僧や関係者、専門家などとのご縁からチベットやネパールを訪れ、何かに導かれるように深く関わることになっていったのです。

しかし、最初はシンギングボウル自体についての情報もあまりなく、色々なシンギングボウルをきちんと比較することもできていませんでした。そこで、5年以上をかけてチベット各地や、ネパール、インド、ブータンなど、シンギングボウルの発祥とされる国々を訪れ、さまざまなシンギングボウルを入手して比較し、由来や使い方についての聞き取りをはじめました。さらに、ヨーロッパ各地やアメリカなどで売られているシンギングボウル、クリスタルボウル、日本の「おりん」、インドネシアのガムラン、中国の楽器類なども取り寄せ、それぞれのシンギングボウルとの違いを検証してみたのです。

そうした中、ある種のシンギングボウルが、特に深い癒しと浄化に適していることがわかってきました。それが、前述したハンドメイド・金属製の「チベットシンギングボウル」です。その豊かな響きと癒しの効果に感銘を受けた私たちは、それを取り扱っていくことにしたのです。

実際に日本での紹介をはじめると、
「これまでにない癒しの感覚を得られた」
「仕事に良い影響があった」
「気持ちが安らかになり、日々を明るく過ごせるようになった」
「他人との関係が変わった」

などといった声が寄せられるようになりました。シンギングボウルに触れたのがはじめてという方だけではなく、それまでインド・ネパールや日本のエスニック雑貨店などで購入していた方、ヒーリングのイベントやヨガのクラスなどで試したことがある方などから、「このシンギングボウルは、これまでのシンギングボウルとまったく違う」という反響を次々にいただくようになったのです。

その後、チベットシンギングボウルが多くの方々に広まるにつれ、それに合った「使い方」のご質問も増えてきました。そこで、世界各地でシンギングボウルについて教えている欧米人、ネパール人、日本人などのレッスンやヒーリングを受け、これまで海外で出されたさまざまな文献などと比較研究してみました。

しかし、それらのほとんどは欧米的な考え方や特殊なスピリチュアリズムの影響が色濃かったため、チベットシンギングボウルの使い方にはふさわしいものではないのではと考えました。そこで、ご縁のあったチベット高僧とのやりとりを通して得た知恵の数々や、20年近く関わり続けるうちに気づいたことなどを、本書でわかりやすい形にまとめてご紹介していくことにしたのです。

シンギングボウルがもたらす効果

◆心にも体にも効くシンギングボウルの倍音

シンギングボウルは、瞑想やヒーリングなどの補助具として発展してきた経緯もあり、一般の健康器具や美容器具と同じように考えるのは難しいのですが、欧米の研究者や医療関係者の間では、シンギングボウルの倍音（くわしくは次項で説明）が持つ力が注目され、代替療法や音楽療法などにも用いられはじめています。

私たちは、実際にチベットシンギングボウルを体験した1000人以上の方に、数年間にわたってアンケートを実施し、どのような効果を感じられたのか尋ねてきました。すると、シンギングボウル、特にチベットシンギングボウルには、主に次に挙げる5つの効果があることがわかってきました。

1 深い癒しによるリラックス

シンギングボウルを用いたワークの感想として最も多いのは、「倍音による波動を感じることにより、心身ともに深くリラックスできた」という声です。呼吸が深くなって安眠が得られたり、ストレスが改善されたという方も多くいます。

2 集中力を高める

次に多いのが、シンギングボウルを奏でているうちに、雑念が消え集中力が高まるという声です。仕事や勉強の効率が良くなり、決断力や創造性がアップしたという声も多く寄せられています。

3 精神的な浄化

シンギングボウルのワークが終わったあと、心がスッキリとし浄化されたという声も多くいただきました。

こだわり、固定観念、束縛、過去のトラウマなどが強い方の場合でも、何度かワークを行い深めていくことで解放され、他人とのコミュニケーションが改善することが多いようです。

4 セルフコントロールの向上

シンギングボウルのワークを繰り返していくことにより、イライラや落ち着きのなさなどが解消されていきます。

仕事とプライベートの切り替えがスムーズになり、ストレスの大きい状況下でも一瞬にして落ち着きを得られるようになったという声もいただいています。

5 直感力のアップ

シンギングボウルを使いこなしていくと、頭がクリアになることで、これまで得られなかった気づきを得たり、ものごとに対してポジティブになることができます。

問題やトラブルで混乱している時だけでなく、潜在的に抱えている悩みや課題などを発見したり解決するのに役立ちます。

もともとシンギングボウルが生まれた背景には、「心と体は深くつながっている」という考え方がありますが、まず心の状態が変化することで、生活にも良い影響を感じられたという方が多いようです。

チベットシンギングボウルの演奏ＣＤを聞いた方からも同様の声が寄せられているので、音を聞くだけでもある程度の効果を得ることができるとも言えますが、シンギングボウルを実際に用いて鳴らした時に、より大きな効果を感じるようです。

チベットシンギングボウルの特徴

◆音が複雑で、響きが深く長い

●倍音とは何か

音とは、圧力の変化が空気や水、その他の物質などを通じ、耳や皮膚、体全体などに伝わり知覚される現象のことです。

シンギングボウルは、叩いたり縁をこすることで、音を出すことができ、楽器に分類されることもあります。シンギングボウルを判断する基準は、必ずしも音だけではありませんが、音が美しければ美しいほど、心が癒されると言われています。

また、シンギングボウルの大きな特徴は、そこから奏でられる「倍音」にあります。

倍音とは、英語では「オーバートーン（overtone）」または「ハーモニックス（harmonics）」と言い、基本となっている音（基音）の複数倍になっている振動のことを指します。音は、一般的にひとつの音として聞こえる場合でも、複数の音による複合音からなっています。音の成分の中で、最も周波数の小さいものを「基音」、その他のものを「倍音」と呼びます。

中でもチベッ トシンギングボウルは、特にその倍音が深く広いと言われていますが、倍音には整然と雑然との間の「1／fゆらぎ」があり、心地良さ、ヒーリング効果があるとされています。

●音と日本人の脳

人間の脳は一般的に左脳が言語、右脳が空間・音楽を認識すると言われていましたが、これらが西欧人と日本人とでは異なることがわかっています。

西欧人の場合、言語はすべて左脳、それ以外の音（西洋楽器の音、感情をあらわす音、持続母音、自然音、鳴き声、雑音など）はすべて右脳で処理されるのにくらべ、日本人の場合は人工的な音（西洋楽器の音、機械音、雑音）だけを右脳で処理し、言語と自然音をすべて左脳で処理していると言われています。

つまり、日本人の場合は、論理、感情、自然といったものを左脳で統合し、人間や自然界が発する「ゆらぎ」のある音も、言語と同じ左脳でとらえているというのが大きな特徴なのです。

脳科学や発達心理学によれば、私たちは乳児の頃から自分の母親が話す言語と他の母親の言語を聞きわけていると言われています。トルコでの研究によると、地元で生まれたトルコ人には「ネイ」というトルコ音楽で一般的に使われる葦笛が脳を平静にする効果がある一方で、バイオリンで演奏された西洋音楽はまったく効果がなかったというのです。

（『あなたの知らない脳の使い方・育て方』D・ギャモン&A・D・ブラグドン共著、2002年、誠文堂新光社）

脳は、その民族の言語や姿勢、呼吸法、自然環境などにより、音をどう聞きわけ、処理するかが決まってきました。ここでは、日本人とそれ以外の民族、日本語と他の言語、それぞれの環境などの共通性については掘り下げませんが、そこには何らかのつながりがありそうです。

実は、西欧と日本とでは良いとされるシンギングボウルが異なるようです。どちらかと言うと西欧では西欧音階にそって調音され、単音に近い音を出すシンギングボウルのほうが好まれ、チベットシンギングボウルのような複雑な倍音を出すものはあまり評価されてきませんでした。逆に言えば、日本人にこそ、チベットシンギングボウルの音をより深く感じることのできる素質が備わっているのかもしれません。

◆究極の倍音を生み出す

●チベットシンギングボウルの製法

シンギングボウルの中でも、特にチベットシンギングボウルの倍音の響きは、なぜ他のシンギングボウルと異なるのでしょうか。その謎を解くには、製造工程の違いにまで踏み込んでみる必要があるでしょう。

シンギングボウルの製法には、鋳造《ちゅうぞう》、鍛造《たんぞう》、機械加工、手作り（ハンドメイド）があり、組み合わせて用いられています。私たちは「鍛造かつハンドメイド」のものを、「チベットシンギングボウル」と呼んでいますが、ここでその特徴と他の代表的な製法との違いを説明しておきましょう。

まず、鋳造とは、溶かした金属を型に流し込み、冷やし固める製法です。型を使い、短時間で同じものを大量生産できるので、安価に売られているシンギングボウルの多くは、この製法で作られています。密度が低い分、内部に気泡やムラなども残りやすく、衝撃で割れたり、ヒビが入りやすくなったりします。強度を保つため、厚く重くなりますが、音は高めで明るめ、軽めのものが多いようです。

次に、鍛造とは、金属をたたく（鍛える）製法で、約6000年前から用いられてきました。複数の金属の合金を高熱で溶かし、一人がトングで押さえ、残りの人たちが交互にハンマーで何度もたたくことで、薄くて軽くなり、内部の気泡、淀み、ムラ、隙間などをなくすことができます。金属の結晶度が高まるだけでなく、粘りを伴ったしなやかな強さ（靭性）が生じます。

また、製造過程で内部に作られる木目や年輪のような線状の層が、複雑で重層的な倍音を生み出すと考えられています。

早朝から身を清め、一心不乱にハンマーを打ち続ける職人たちは、瞑想中の修行僧や、名刀を作ろうとする刀工のようにも見えなくもありません。時々唱えられる古くからの旋律や詠唱も、集中力を増し、質の高いシンギングボウルを作るための要素とされているようです。

鍛造でハンドメイドのシンギングボウルは、製造に手間や時間がかかる上、高い専門技術を持つ職人が年々減っています。世界的な人気で供給も足りなくなりつつあるため、最近ハンマー式やプレス式の機械を用い、仕上げだけをハンドメイド風に見せる製法も出てきました。外見からは違いがわかりづらく、一律に鍛造やハンドメイドとして売られているケースもあるようです。

私たちは、世界中に流通する様々なシンギングボウルと比べてみましたが、結果的に、鍛造かつハンドメイドのシンギングボウルが、最も複雑で深く長い「ゆらぎ」の倍音を生み出せることがわかりました。チベットシンギングボウルの名は、倍音が高僧のマントラのように聞こえることから来ています。癒しと浄化に最適な理由は、製法や製造工程にも関係していると言えるでしょう。

●立体マンダラとの相似性

そしてもうひとつお伝えしておきたいことは、チベットシンギングボウルについて説明される際、「寺院を模したものである」という言葉が出てくることです。

寺院とは、仏舎利、仏像などをまつり供養や布教を行う場所ですが、もともとは僧侶が修行をするための施設だったとされています。他の宗教でも、その宗派の神仏を讃え、開祖や聖人が受けた啓示を再現できるよう、さまざまな音楽、詠唱などが演じられますが、教会や寺院などの宗教建築物は、そうした音が最も美しく響くように設計されているようです。

チベット仏教の寺院でも、読経が最も効果的に響くように作られており、チベットシンギングボウルにおいても同じような構造が意識されているというのです。

また、チベット仏教には、「立体マンダラ」というマンダラを立体化したものがありますが、チベットシンギングボウルとの関連性について考えてみましょう。マンダラは通常平面に描かれていますが、それを立体にすることで、よりリアルに仏教の世界観を表現するという意図があったと考えられます。チベット仏教における寺院とは、この立体マンダラの象徴化されたものとも言えるかもしれません。

宗教学者・チベット密教研究者の正木晃《あきら》氏は、著書『マンダラとは何か』（2007年、NHKブックス）の中で、チベット仏教では、マンダラは主に瞑想への使用を目的として開発されたが、立体マンダラにおいては、途中から当初の目的を離れていってしまったのではないかという意見を述べています。瞑想を目的とする場合、本来は立体マンダラの構造はよりシンプルなものでなければならず、現存しているマンダラはあまりにも複雑化してしまっているというのです。

そう考えると、チベットシンギングボウルのシンプルな形は、丸や円という立体マンダラの本質的な構造が極度に純化されたものであり、より瞑想に向いたものであると言えるのではないでしょうか。後ほどくわしく述べますが、チベット仏教においては、音と円い形は切り離せない存在であり、ともに響き合いながら祈りを伝える力を持つと考えられています。チベットシンギングボウルは、まさに、その2つを同時に実現させたものとも言えるでしょう。

◆「あるがまま」の意味に気づかせてくれる

●ひとつとして同じものがないチベットシンギングボウル

チベットシンギングボウルの大きな特徴として、すべてハンドメイドのため、ひとつとして同じものがないという点があります。色や形はもちろん、ボウルが奏でる音は、ひとつひとつすべて異なるのです。

また、それぞれのボウルの音も、一定の音階にあてはまらないことがほとんどです。さまざまな音が重なっていることが倍音の特徴でもありますが、基音と言われる中心の音であっても、「ド、レ、ミ……」のような西洋音階とは一致しないことが多々あります。

こうしたチベットシンギングボウルの外見は、ある人にとっては、ハンドメイドの持つやさしさや持ち味として感じられますが、一方で洗練されていない無骨な印象を与えるかもしれません。また、音についても、ある人にとっては、遠い記憶を呼び覚ましてくれる癒しの音でもありますが、これまで西洋音階しか聞いたことがない人の中には不安定で不完全な音に聞こえることもあるでしょう。チベットシンギングボウルを一般の「楽器」としてとらえた場合、独特のゆらぎや、ばらつきに耳慣れない印象を持つ人がいるのも事実です。

しかし、私たちの経験上、日本においては、多くの方がこうした特徴によって不思議な安らぎを得たり、なんとも言えない深みを感じるといった効果があるようです。先ほど挙げた「日本人の脳」とも関係があるのかもしれませんが、必ずしもすべての人が西洋音階で満足感を得るわけではなく、むしろ、定まらない音やひとつひとつ異なる音に魅力を感じているのが実情のようです。

●チャクラと関連付けられたシンギングボウル

ところが、すべてのシンギングボウルが同じような特徴を持っているかというと、実はそうではありません。例えば、クリスタルボウルは西洋音階に近い音が好まれますし、金属製のシンギングボウルの中でも、チャクラボウルやセブンボウルと言われ、あらかじめ近い音階のものを集めたり、チャクラの色にあわせて着色されたりしたものがあります。

これらのセットに共通する点は、「型に流して作られた鋳造《ちゅうぞう》で機械仕上げであること」と「西洋音階が基準になっていること」の2点です。この背景には、「チャクラ」と「7という数字」があると思われます。チャクラについては、お聞きになったことがある方も多いかもしれませんが、サンスクリット語で「輪」や「円」をあらわし、人間の体に存在するという複数の生命エネルギーの中枢を指しています。ヒンドゥー教を起源とするヨガでは、人間のチャクラは7つとされていますが、チャクラと関連付けられたシンギングボウルは、それぞれのチャクラと連動していると説明されています。

＊それぞれのチャクラと対応するとされる音

・第1チャクラ＝C（ド）
・第2チャクラ＝D（レ）
・第3チャクラ＝E（ミ）
・第4チャクラ＝F（ファ）
・第5チャクラ＝G（ソ）
・第6チャクラ＝A（ラ）
・第7チャクラ＝B（シ）

●チャクラボウルとセブンボウル

クリスタルボウル以外の金属製シンギングボウルでも、この「チャクラ」と「7という数字」にもとづいて作られたものがあり、単体では「チャクラボウル」、7つがセットになったものは「セブンボウル」と呼ばれています。

チャクラの考え方自体は古代インドに由来しているため、本来はチャクラボウルの音もインド古代音階にそったものでなければならないとも考えられますが、実際には西洋音階と連動して定義されています。基本的な構造や考え方はクリスタルボウルと同じですが、金属で作られたという点が主な違いになります。ハンドメイドの場合、どうしても正確な音階を再現するのは難しいため、いずれも、西洋音階に近く、複雑な倍音にならないように、型で流し固めた鋳造で、機械仕上げされていることがほとんどです。

また、外見がチベットシンギングボウルのような見え方をしていても、現在は全工程をハンドメイドですることは少なく、最後の工程のみ手作業にすることで効率化しているケースが多いようです。ハンドメイドの工程を加えてしまうと、音のブレが出てしまいますが、これまで著された海外の書籍などを見てもこの疑問には答えておらず、ボウルの音階についても、最終的には「自分の感覚で」と濁しています。倍音の特徴でもありますが、いつも同じような一定の音が出るわけではなく、叩き方やこすり方によって、響き方や音も異なってきます。実際に測定器などで計ってみても、一定の音で調整するのは難しく、最初に聞こえる音と最後に聞こえる音が違うというのが実情です。

●ひとつひとつのチベットシンギングボウルが異なる意味

チベットシンギングボウルは、そうしたチャクラボウルやセブンボウル、クリスタルボウルなどとは異なる特徴を持っていますが、逆にその特徴が否定的にとらえられてしまうこともありました。つまり、他のシンギングボウルで理想とされる7という数字や、チャクラに連動した「CDEFGAB/ドレミファソラシド」という7音階から「ずれている」不完全な存在とされてしまうケースがあったのです。

実際、チベットシンギングボウルを紹介しはじめた当初、お客様から「音階が合っていないから交換してほしい」という要望を受けることが何度かありました。ところが、そのお客様から「不良品」とされたチベットシンギングボウルを、たまたま置いておいたところ、それを試された別の方が「ぜひ、このボウルを譲って欲しい」と言い出したのです。返品されたものだからお譲りできないと説明しても、どうしてもこれでなければダメだと言います。そうしたケースは、一回や二回ではなく、ごく当たり前のことのように起こりました。

ある方にとっては、不完全とされたものが、なぜ他の方にとっては「なくてはならないもの」になるのか、私たちは不思議に思ったものでした。

しかし人がひとりひとり異なるのと同じく、ひとつひとつがすべて異なっている。そう考えると、チベットシンギングボウルが、大事な教えを伝えてくれているかのように思えてきました。ある人にとっては必要がない「不良品」であっても、きっと、どこかにそれを必要とする人がいるに違いありません。

人もシンギングボウルも、ひとつひとつが異なるからこそ、かけがえのない存在であることを教えてくれているように思えます。

私たちは、ついつい先に理想を描いてしまい、そこと現実とを比較してしまうことで、目の前の「あるがまま」を見て、聞き、感じることが難しくなっているのかもしれません。理想を持つこと自体は、自分を高めていくために大切なことですが、一方で自己を肯定できずストレスの原因になる可能性もあります。

　子ども、パートナー、上司、同僚、部下など対象が自分であれ、他人であれ、本当は存在していない理想だけを追い求めてしまうと、いつしか目の前の現実が、不完全なものとしか見えなくなってしまい、不満のもとになってしまうことがあります。しかし、本当にそれは幸せと言えるのでしょうか。チベットシンギングボウルは、私たちにそうした問いを投げかけてくれているのかもしれません。

◆無心の状態をもたらしてくれる

●さとりと瞑想

　さとりとは、どのような状態を指すのでしょうか。これについて簡単に説明することはできませんが、さまざまな文献などで語られていることを整理すると、迷いを払い去って生死を超えた永遠の真理を会得することとされています。

　さとりの状態を表現することは難しいですが、自我を超越することで真理に出会ったり完全性を取り戻すという意味では、おおむね共通するイメージが持たれているようです。

　私たちの日常でも、「さとる」あるいは「さとった」という言葉は使われていますが、その場合、「ものごとの真の意味に気づく」とか、「これまで気づいていなかったことをはっきりと理解する」などの意味があります。これを裏に返せば、自我が大き過ぎたり、そこにとらわれ過ぎてしまっていると、本当の意味に気づくことができないとも言えるかもしれません。

「どのようにしてさとりの状態に至ることができるのか？」という点については、さまざまな説があるようですが、色々な修行に共通する点としては、「心身を静かな状態に置いて瞑想すること」が挙げられます。通常の状態では、自我により妨げられてしまっているのを、瞑想によって無心になることで自我を取り払い、はっきり見えるようにするというものです。

禅では座禅という方法を用い、ヒンドゥー教の一部では苦行やヨガなどの方法がもちいられてきました。

一方、チベット仏教では、「唱える」「回す」「繰り返す」という行為によって祈りを純化させ、無心の状態を実現させてきたと考えられます。シンギングボウルには、こうしたチベット仏教の伝統的な手法との疑似性も多く、瞑想の状態に向けたトレーニングを、誰でも簡単に行える補助具としての機能を有していると言えるでしょう。

◆持ち主とともに変化・成長する

チベットシンギングボウルが、時間とともに変化・成長すると書くと、非科学的な印象を持たれるかもしれません。実際、多くのお客様や関係者からもこの話はよく聞くのですが、この点については、もう少しくわしく説明する必要があるでしょう。

●影響し合うエネルギー

最新の科学によれば、すべての物質は「回転しながら振動するエネルギーの渦」であり、目に見えないレベルで常に振動し変化しているそうです。また、物質や人のエネルギーは、それぞれが何らかの形で影響し合っているとされています。

シンギングボウルは、自らが振動することで、空間に波動（エネルギー）を生み出します。外部に向かった波動は、反響・共鳴・浸透し、相互に影響し合います。水面に生まれた波紋が他の波紋とぶつかり、変化する様子をイメージすると良いかもしれません。

こうした影響は、エネルギーの量や時間の経過とともに大きくなります。私たちは、長く接するうちに、人や動物などに愛情を感じます。また、モノも長く愛用しているうちに馴染んでいき、さらには人の魂が宿るとされます。人間も含めたすべての物質が「エネルギー」であるならば、こうした現象は、お互いのエネルギーが交わり、相互に影響し合った結果とも言えるでしょう。

チベットシンギングボウルは、強い波動と共鳴が特徴のため、私たちが発するエネルギーにも、目に見えないレベルで共鳴していると考えられます。使うほどに音や響きが良くなるのは、私たちの癒しが深まっただけでなく、チベットシンギングボウルも私たちからの影響を受けている可能性があるのです。

●人の体や感覚との連動

もう一点、チベットシンギングボウルの使い方の特徴として、手に持って使うという点があります。

クリスタルボウルやチャクラボウルなどでは、その大きさもあり床に置いて使うことが多いようですが、チベットシンギングボウルの場合は、瞑想の補助具としての使い方が多いため、ほとんどの場合、利き手が右手の人は左手の上に置いて使います。そのため、使う人の体自体も共振して音に反映することになるのです。

人の体の60~70%は水でできていると言われていますが、シンギングボウルの波動は空気ばかりでなく、水分にも大きく影響します。

実際、シンギングボウルに水を入れて叩くと、細かな無数の波が一定方向に向かっていくのが見えますし、縁をなぞって音を出すとピチピチピチと水が弾けるのがわかります。このことからも、チベットシンギングボウルを奏でる時の体の状態によって、音も変化していくと考えられるのです。

また、最も理解しやすい理由としては、「本人が変化した」という点が挙げられます。チベットシンギングボウルを使っていくうちに、耳だけでなくさまざまな感覚が研ぎ澄まされていき、これまでは気がつかなかった音に気がつくようになるのです。特に倍音には通常は聞き取ることの出来ない音がたくさん含まれていますが、何度も繰り返して聞くことで、それまでとは異なる聞こえ方がしてくることがあります。私たちは、これを「耳が開く」状態と呼んでいますが、実際には耳だけでなく、ある種の直感や考え方などにも影響していくことが多いようです。

不思議なことに、それまでまったく鳴らなかったシンギングボウルが突然鳴るようになったり、逆に鳴らなくなってしまったりすることがあります。一般的には、トレーニングを続けていくことで、シンギングボウルも馴染んでいき、自然に音が鳴るようになっていきます。音の聞こえ方が変わった時、成長したと感じた時は、シンギングボウルそのものだけでなく、あなた自身も変化・成長したタイミングなのかもしれません。

Column

シンギングボウルに出会う旅――1

■はじまりの電話

2004年の秋、それは突然鳴った1本の電話からはじまりました。

知人からの紹介で、チベットのお坊さんからの伝言を持った女性が、ぜひとも私たちと会いたいというのです。

話を聞いてみると、彼女はネパールに在住している日本人で、チベットの山々で採取した薬草をブレンドしたお茶を、日本向けに売るのを手伝ってもらえないかということです。それまで私たちはインターネットで日本や海外のお茶を販売していたため、同じようにチベットの薬草茶も売ってもらえるのではないかと紹介されたとのことでした。

「チベット」という言葉を聞き、私の頭に浮かんだのは、以前、旅行で訪れたヒマラヤの山々の風景でした。

紺碧の空の下、はるかに広がる草原で草をはむヤクの群れ。

天まで突き刺さるかのように、銀色に輝くヒマラヤの山々。

緋色の袈裟につつまれた、チベット仏教の高僧や尼僧たちの笑顔。

漆黒の闇の中、天に広がる無数の星。風に

はためく五色の旗。

チベットという響きだけで、ほとんど忘れていた光景が、一瞬のうちに蘇ってきたのです。その時点では、私たちに何ができるのかはまったくわかりませんでしたが、お会いして話を聞いてみることにしました。

■チベットの子どもたちに学校を

実際に彼女に会って聞いてみると、お坊さんたちが薬草茶を日本に売ろうとしている理由は、チベットにチベット人の子どものための学校を作り、村に貢献するためだとわかったのです。

なぜ、わざわざチベット人の子どもたちの学校が必要なのでしょう。それは、現在のチベットをとりまく特殊な状況が生んだ現象と言えるかもしれません。チベットでは、中国政府の政策によってチベット文化や言語を学ぶことが難しくなりました。それを憂えた親たちの中に、子どもたちにチベット人としての教育を与えたいという願いが募り、チベットの中にチベットの子どもたちの学校を作ろうというのです。

しかし、志はあったものの、なかなか充分な資金が集まらないなど、経済的にも行き詰まってしまっていました。お坊さんたちは、そもそも売ってお金に替えられるものをほとんど持っていません。最初は身の回りのものを売ろうとしましたが、やがてどうにもならなくなってしまいました。悩んだ末、自分たちが山で摘んだ薬草茶を売ってはどうかと考え、わずかなツテを頼って私たちに連絡をしてきたのでした。

■薬草茶の輸入に失敗

もともと、日本からは遠いチベットやネパールの話です。内容が内容だけに、関わりはじめたら途中でおりるわけにもいかないでしょうし、軽い気持ちで引き受けることはできません。普通の日本人にとって、もっと身近にやらなくてはならないこともあるでしょうし、わざわざ関わらなければならない理由もないでしょう。実際に、彼女も声をかけた知人・友人から、ことごとく断られており、私たちがダメだったらあきらめてネパールに帰るつもりとのことでした。

私たちは、すぐに返事はできないので、一度預かって調べてから返事をしたいと伝えました。もらった薬草のリストをもとに、それらが正式に輸入できるかどうかを調べてみることにしたのです。

その調査は思ったより時間がかかり、正式な返事ができないうちに、彼女はネパールに戻ることになりました。まだ、これからどうなるのかわかりませんでしたが、滞在費用も底をつきはじめ、やむを得ない決断だったようです。

ところが2週間後、私たちに届いたのは残念な結果でした。日本では正式に解明できていない薬草が多く、チベットでの加工体制も充分でないため、少なくとも食品やお茶として輸入するのは絶望的だという返事だったのです。

■お香とマントラ

乗りかかった船という言葉がありますが、彼女の顔を思い出すと、私たちもそこで終わりにはできませんでした。何とか他の方法はないかと、その後も調査やメールのやりとりを続けましたが、いいアイディアは出てきませんでした。他に何も売るものがないという中で、お坊さんたちが知恵を絞った唯一の望みが、あの薬草茶だったのです。

「もうやるだけのことはやったし、残念だけど、これであきらめよう」そう思い、メールで最後のやりとりをしていた時でした。ふと「薬草の使い道は他にはないのですか？」と聞くと、「もちろん、ありますよ。ほとんどはお香にする材料なのです」という返事が戻ってきたのです。

「お香はどのように使うのですか？」と尋ねると、「お経と一緒に使います」との答え。

さらに、次に聞いた言葉には驚きました。「チベットでは、お経とお香、アムチと呼ばれる伝統医の出す丸薬の３つでほとんどのトラブルを解決しているのです。もちろん病院にも行きますが、人々は山奥に住んでいる場合が多いので、あまり症状が重くなければお経とお香と薬草などで作られた丸薬で対応するのですよ」

お香もお経も日本では仏壇やお葬式に関連したイメージしかありませんが、チベットの伝統医アムチが作っているお香があり、お経にも目的に合わせた色々な種類があるとのこと。少なくとも、お香であれば食品ではないので、正式に輸入して販売することができます。少しずつ可能性の芽が出てきた気がしました。

また、話を聞いているうちに、お香はまだしも、そのお経とは一体どんなものなのか、強い興味がわいてきました。医療が発達していないために生じた、「前近代的な習慣」と片づけてしまうこともできるかもしれませんが、「心と体は一体であり、多くの問題は心から生じている」という考えは、一概に否定してしまうこともできない気がします。断るにしても、実際に調べてからの方がいいだろうとも考え、現地を訪れてお経を聞いてみようという話になったのです。（続く）

第 2 章

シンギングボウルの選び方・使い方

シンギングボウルの選び方

◆運命のボウルと出会う

●自分の音とは何か

はじめて自分のシンギングボウルを選ぶ時は、形やサイズ、デザインを重視するのではなく、①音、②デザイン、③サイズの順で選んでいただくのがおすすめです。できるだけ自分らしい音を選んでいただくためには、あまり深く考え過ぎず、はじめて聞いた際の直感で選ぶのが良いでしょう。できれば実際に手にして、軽く叩いたり鳴らしたりして選ぶほうが良いかと思います。

チベットシンギングボウルはひとつとして同じものがないだけに、自分がどれを選べばいいか迷ってしまう方も多いようです。チャクラボウルやクリスタルボウルでは、あらかじめ西洋音階にチューニングされているため、こうした形でひとつずつ異なるボウルから自分に合ったものを選ぶというプロセスは基本的にはありません。逆に言えば、この「選ぶ」という行為こそが、他のシンギングボウルとの大きな違いとも言えるでしょう。

そもそも「自分の音」とはどのようなものでしょうか。

第1章で、私たちが心地良いと思う音は、言語や姿勢、呼吸法、自然環境などの影響を受けていると書きました。しかし、現在では、生まれ育った環境はひとりひとり異なってきており、同じ日本人だからといって一律に語ることができなくなっています。言葉についても外来語の占める割合が大きく増え、姿勢や呼吸法も畳から椅子の生活へと変化しています。また、食生活や生活習慣そのものも数十年前とは大きく違います。

そして音についても、ひとりひとりが異なるものを求めるという傾向が、より強まってきているのかもしれません。

また、後天的に受けた教育や環境の影響で、自分が本当に求めていないボウルの音を無意識に選んでしまうケースもあります。例えば、幼いころには自然の音を聞く機会が多かった方が、その後は西洋音楽や機械音、都会の音に多く触れるようになった場合などです。

音についても、「直感」で選んでくださいと言うと、普段はあまり意識することがなかった影響が突然現れることがあります。しかし、意外にそのまま受け入れられず、考えた末に別のものを選んでしまうことも多いようです。例えば、最初に聞いた時には心に響く音として感じても、その後「自分が学校で習った西洋音階とずれている」と「考える」ことで、やはり自分には合っていないと拒絶してしまうということがあります。こうした場合の多くは、直感ではなく「理性や経験」で選んでしまっていると言えます。

一方、「目は一代、耳は二代、味は三代」という言葉のように、生理的に深く根ざした感覚ほど保守的で変わりづらいとも言われています。親やその親、そのまた親……と脈々と作られてきた環境は、自分へも直接・間接的に影響しているということなのでしょう。どちらがどのように自分に影響しているかということは、実はなかなかわかりづらいものです。

こうした理由で、最初はできるだけ悩まずに直感で選ぶことをおすすめしていますが、そうは言っても、あまり心配する必要はありません。最初から確信を持って「これが自分の音」というように選べるケースばかりではありませんが、あまり自信がなくても、まずは勇気を持ってひとつ目のボウルを選んでいただくのが良いでしょう。

結論から言いますと、これまでの経験上、本人にとって無駄なボウルが選ばれるということはほとんどなく、その時点でその方が必要としている音が選ばれるようになっているようです。すぐには気づかなくても、不思議なことに、選んだボウルは、その方に必要であったことがわかってくることがほとんどです。この理由については、後ほどあらためてお伝えしたいと思います。

◆選ぶ前の準備

●ボウルは自分を映す鏡

人間は複雑な多面性を持っていますし、移ろいやすく変化している部分もあります。どういったシンギングボウルを選ぶかは、その時のその人の状態が反映されるため、普段より弱っている時は、それを埋めるやさしい音を出すボウルを、テンションが上がっている時は、さらに自分を高めてくれそうな元気な音を求める傾向があるようです。先ほど、選んだボウルはその時点でその人が必要としているものと書きましたが、その意味では、シンギングボウルは自分を映す鏡のようなものとも言えるでしょう。

しかし不思議なことに、心の状態が変わったとしても、選んだシンギングボウルの音を、その後嫌になるということはほとんどないようです。悲しい気分の時に気に入って選んだボウルが、元気な気分にさせてくれることもありますし、逆に調子のいい時に選んだボウルが落ち込んだ時の気分を癒してくれることもあります。

その時々のボウルの音が違って聞こえるのは、実はボウルの音が変わったのではなく、受けとめる自分の心のあり方が変わったからなのではないかと考えています。鏡に映った自分の表情は変わっても、自分自身の本質が変わることはありません。悲しい時の自分でも、うれしい時の自分であっても、同じ自分であることには変わりないのです。

●我欲をできるだけ減らす

もちろん、心が落ち着いて静かな状態を作っていただいたほうが、本来の自分らしいシンギングボウルを選ぶことができます。その時々の短期的な変化にあまり影響されずに、より深く本質的な面を反映させようとした場合、自分に合ったボウルを選ぶコツがひとつだけあります。

それは、ボウルに何かを求めようとせずに、素直な気持ちで向き合ってみることです。

以前講座に参加されたAさんのエピソードをご紹介しましょう。

Aさんは、40代前半の独身キャリアウーマンの方でしたが、今後の仕事や人生などについて、色々と悩んでいました。参加される前は、今の自分の気持ちをすっきりさせたいということで、できるだけ〝明るく澄んだ音〟のシンギングボウルを探していたようですが、実際に目に留まったのは、なぜかそのイメージとはまったく異なるボウルでした。

Aさんが最初に選んだシンギングボウルの音は、どちらかと言うと澄んで明るいというより、ややこもった低い音でしたし、デザインも彼女が望んでいた柄のものではなく、鈍く光る金色のシンプルなデザインでした。大きさも当初Ａさんがイメージしていた小さいサイズのものではなく、ふたまわりほど大きいものだったのです。

そのボウルが気にはなったものの、自分がなぜ惹かれるのかがわからず、いったん横に置いて、他の澄んだ音のボウルをいくつも試してみました。そうしているうちに、他にも良さそうなボウルがひとつ見つかったのです。しかし、そのボウルには、他にも欲しいと思う人がいました。不思議なもので、同じものが欲しいという相手が出てくると、がぜん欲しさが高まってきます。最初は2人で譲り合っていたのですが、途中から、やはり自分がこれを手に入れようという気になってきました。そして、ようやく譲り合っていた相手とも話がつき、いよいよ正式に入手しようと決めた時のことです。

Ａさんは、ふと気になって、最初に選んだボウルのほうに目をやりました。すると、そこには誰からも見向きもされず隅っこに置きっぱなしになっていた、例のボウルがあったのです。その時、Ａさんは一瞬にして「自分のボウルはこれに違いない」との確信を持ったと言います。

今、自分が選ぼうとしていたボウルは、他にも欲しがっている人がいる。しかし、このボウルを求めているのは自分しかいない。そう思うと、Aさんは急いで手に持っていたボウルを相手に戻し、自分が最初に選んだボウルを入手することに決めたのです。

●素直な気持ちで受け入れるということ

そのボウルを鳴らす練習をしながら、Aさんは他にも色々なことを話してくれました。

「あの時は、まわりでも他の人が選んでいましたし、そこら中でいろんなシンギングボウルの音がしていて、決して静かな環境とは言えませんでした。でも、なぜか、突然あのボウルの声が聞こえた気がしたんです。もちろん、誰もそのボウルをその場では鳴らしてはいなかったので、私だけに聞こえた声なのでしょうけれど。こっちを向いて～、私を置いていかないで～と必死に叫んでいたんでしょうかね（笑）。単に、最初に聞いた音が耳に残っていたのかもしれませんけれど、この子の音だけがこれだけ耳に残るのは、きっと私に必要だったからなんだろうと思います」

話を聞くと、Aさんは、これまで仕事でもプライベートでも、まわりに合わせようと必死に努力してきました。しかし、最近、そのことに疲れてしまっている自分にあらためて気づいたそうです。仕事では後輩や新人を指導する立場になり、プライベートでも友人がSNSなどで外食や旅行の話題などをひんぱんにアップする中、できるだけ自分もまわりからよく見られたい、ポジティブになって頑張らなければ……というあせりがあったのでした。

恋愛でも交際中の相手はいましたが、ずるずると宙ぶらりんの状態が10年近く続いていました。母親が病気で手術したり、兄弟から相続の相談をされるなど、最近は今後の人生についても考えなければならない複雑な話題が多くなってきました。そんな中、少しでも元気になれるようなものを探していたようですが、ふとしたことでシンギングボウルに出会い、実際に自分が心の底で求めていたのは、素の自分に戻ることができる癒しの要素だったということに気がつきました。Aさんが自分らしいシンギングボウルに出会えたのは、直感を大切にし、素直な気持ちで選んだことで、普段は他人に見せないようにしていた、本音の部分を出せたからかもしれません。

話は変わりますが、Aさんのように、シンギングボウルに「この子が……」と呼んだり、「～ちゃん」と名づけたりする方は少なくありません。もうひとりの自分を選ぶ気持ちでというと大げさに聞こえますが、養子や配偶者を選ぶ気がしたという感想もあるほどです。

シンギングボウルをどのようなものとしてとらえ、解釈していくかは人それぞれ異なりますが、単なるモノではなく、人格を持った存在になるくらい愛着を感じているという点では、大きな共通性があると言えるでしょう。

選ぶ際、選んでからの注意

◆ひとりで選べない場合はどうするか

しかし、実際には、自分に合うものがどれかなかなか選べないという方もいらっしゃいます。

そこで、そうした場合の対処法についていくつか書いておきます。

●良いアドバイザーを探してサポートしてもらう

チベットシンギングボウルの場合、チャクラボウルや他のシンギングボウルと異なり、あらかじめ使うボウルの音や種類が決まっているわけではありません。そのため、まず自分のボウルを自分で選ばなければならない点に特徴があります。単に使うだけではなく、選ぶ段階からすでにはじまっているのです。最初から自分で選ぶのも良いですが、場合によっては、ここで書いた内容をきちんと理解しているアドバイザーに助けてもらうのも良いでしょう。

●静かな環境やプライベートな空間を選ぶ

複数の方が参加するワークショップ形式の講座は、色々な方の視点が見られたり、同じ興味を持つ人との出会いがあったりして楽しいものです。しかし、一方で他の人の目が気になってしまったり、落ち着いてシンギングボウル選びに集中できないという方もいらっしゃいます。

そうした場合、プライベートレッスンなど、マンツーマンでのアドバイスを受けることができる機会を探すのも良いでしょう。いい講師であればあるほど、考えを押しつけたりはせずファシリーテートに徹してくれますので、自分自身を自然な形で開示し、素直な気持ちで選ぶことができるはずです。

また、ある程度は静かな環境の中で選ぶことも大事です。慣れてくると気にならなくなりますが、特に最初はまわりの雑音に煩わされることが多いので、静かな場所にあるサロンであったり、午前中や夜などの音が少ない時間帯を選ぶと良いかもしれません。

室内も、明るすぎるとリラックスできない可能性があるため、できれば、やや照明を落としたり直射日光が入らないように配慮された場所を選んでください。シンギングボウルを使う環境と同じく、風通しの良い空間で、清浄な気持ちになれるところが理想です。そうした場所で、目をうっすらと閉じて深呼吸を繰り返せば、自分自身の心も落ち着かせることができ、素直な気持ちで選べるようになるでしょう。

●他人のアドバイスや偶然性を利用する

これまで述べてきたことと矛盾するようですが、自分では選ばず、親しい人などに選んでもらうという選択肢もあります。実は、自分のことは自分ではわからないことが多く、必ずしも親しい人でなくても、他人からの視点のほうが本質をついているものです。特に、自分自身が何らかの先入観にとらわれてしまっている場合、直感力の強い人からのアドバイスがためになることもあります。

また、あらかじめ厳選されたシンギングボウルの中から、無作為に選ぶという方法もあります。近くでワークショップが開催されていなかったり、どうしても参加することができない場合、写真などで選んで偶然届いたものであっても、「その時自分に必要なものしかやってこない」という前提に従えば、自分のシンギングボウルとして「受け入れる」ことができるかもしれません。

●「時期が来るまで待つ」ということについて

「今は決める時期ではない」とし、それ以上は深追いせず、その時が来るまで待つという考え方もあります。上記のようなことをすべて試してみて、それでも難しいということであれば、何らかの理由で、まだしかるべき時期が来ていないとも言えるでしょう。特に、これまで自分自身にきちんと向き合う機会がなかったり、何かを選ぶことに対し心理的な抵抗がある場合、どうしても進めなくなってしまうことがあるのも理解できます。

しかし、「機が熟すまで待つ」と言っても、永遠に「その時」が来ないこともあるので注意が必要です。これは、シンギングボウルに限らず、すべてに言えることでしょう。実際には、どんな形であれ一歩を踏み出した後でなければ本当のことはわかりませんが、人はできないと感じた時に、できない理由を探しはじめると言います。必要以上に臆病になってしまったり、後ろ向きになってしまっていると感じたら、ご縁がなかったとしてあきらめるか、適切なアドバイザーに相談してみるのが良いでしょう。

◆選んだボウルに違和感を感じてしまったら

次に、ボウルを選んだ後に何となくしっくり来ないものを感じた場合、どうすればいいか考えてみたいと思います。

●あせらずにつきあってみる

最初に惹かれてシンギングボウルを選ぶ場合を恋愛結婚のようなものとすると、誰かに選んでもらったり、偶然性を使って決めた場合は見合い結婚のようなものと言えるかもしれません。日本では、今はほとんどの方が恋愛結婚ですが、必ずしも見合い結婚の方が離婚率が高いというわけではなく、むしろ案外うまくいくことが多いものです。

恋愛結婚であれ見合い結婚であれ、うまくいく要因は、相手を認め受け入れていけるかどうかにかかっているのです。相手の良い部分を見ようとすれば、悪い部分は見えなくなってきますし、相手が自分に合っているかどうかではなく、どのようにしたらうまくやっていけるかと考えれば、見方も変わってくることでしょう。ここでは恋愛や結婚に例えましたが、シンギングボウルを自分自身としてとらえた時、自分とどうやってつきあっていけばいいのかという教訓として役立つかもしれません。シンギングボウルがしっくり来ないと感じたとしても、自分に対してと同じように、あせらずに長い目で考えていくというのも手です。前章で、シンギングボウルの特徴として、変化・成長していくということをあげましたが、本人が変化・成長することで、とらえ方、感じ方が変わってくることも多いのです。

●次のステップに進む

後でも説明しますが、自分自身をひとことで説明するのが難しいように、実は自分の音も決してひとつではありません。ベースの部分では共通するものがあったとしても、例えば、過去・現在・未来でも異なりますし、他人が知っている自分と、自分しか知らない自分にも違いがあります。つまり、自分の音とか自分のシンギングボウルを選ぼうとした時に、なかなか選べなかったり、選んだボウルに違和感を感じるという方は、そうしたことに無意識のうちに気づいている可能性もあるのです。

ひとつ目のボウル選びは大切なプロセスではありますが、全体像を知ることで、より客観的に肩の力を抜いて見ることができるとも考えられます。そこで、ここではあまりこだわりすぎずに次のステップに進み、あとで再度考えるというのもうひとつの方法かもしれません。

●あきらめて別のものに変える

また、それ以外にも、スティックを別のものに変えてみるという方法があります。

ボウルとスティックの相性によって音がきちんと出なかったり、思うように響かない場合もあるのです。一般的に、シンギングボウル用のスティックは木の棒にフェルトを張り合わせたものが多いですが、うまくいかない時は、フェルトの質や張り具合をチェックしてみることをおすすめします。

その上で、どうしても合わない場合は、あきらめて他のシンギングボウルに交換するのが最後の手段です。一般的には、シンギングボウルの返品や交換は受けつけていないようですが、一定期間での返品・交換を保証しているところもありますので、一度相談してみると良いでしょう。

ただし、いったん取りやめたり戻したりしたものを、気が変わってふたたび手に入れたいと言っても、ほとんどの場合は難しいかもしれません。特にチベットシンギングボウルは、ひとつひとつがすべて異なるため、まったく同じものは存在せず、すべてのボウルとの出会いが一期一会と言えるでしょう。いったん別れてしまった時は、過去のボウルのことは忘れて新しいボウルに愛情を注ぎましょう。

シンギングボウルの使い方

次に、いよいよ使い方の基本について述べていきたいと思います。

私たちはシンギングボウルを瞑想の補助具、つまり心を癒し高めるためのツールとして考えており、単なる楽器としてはとらえていません。そのため、いかに音を鳴らすかだけではなく、どのように心を癒し高められるのかという点でお伝えします。

◆はじめる前の準備

シンギングボウルを選ぶ際に環境の重要性についてお伝えしましたが、実際に使う場合も、最初のうちは時間帯、場所、姿勢、呼吸、意識の5つに注意を払う必要があります。ただし、これらは、あくまでトレーニング上では必要ですが、その後に経験を積んでいけば、それほど影響はなくなります。

特に最初の3つについては、いったんシンギングボウルを使いこなせるようになると、どんな時、場所、姿勢であっても、また最終的にはシンギングボウルそのものがなくても、深い癒しや集中力を一瞬で得ることができるようになるのです。しかし、ここでは、まずは基本の準備について説明しましょう。

●時間帯の選び方

シンギングボウルを用いる際に、特に避けた方が良いという時間帯はありません。ただし、深夜や早朝など、まわりへの音が気になるような環境や、食事の直後などは避けたほうが望ましいでしょう。朝や日中はどちらかと言うと意識を覚醒させることで集中力や創造性を高め、夕方から夜にかけてはヒーリングやリラックス、浄化、慈悲心を高めることを目指すのが良いかもしれません。

●場所の選び方と準備

場所については、できるだけ余分な物が置かれていない、シンプルで清らかな空間が望ましいでしょう。特に慣れていないうちは、瞑想状態になった時、まわりが雑然としていると集中度が下がってしまうことがあります。また、音についても、最初はできるだけ静かで落ち着いた環境を選びたいものです。明るすぎると集中できない可能性があるため、直射日光が入るようであれば自然光を薄いカーテンなどで遮り、照明もできれば蛍光灯ではなく柔らかい自然に近い光のほうが望ましいでしょう。

部屋の温度や湿度については、心地良くリラックスできるよう適切に調整しておいてください。できれば、事前に窓を開けて空気を入れ替え、良質な天然素材のお香を焚いたりすることで、気持ち良く深呼吸できるようにしておきましょう。高品質のお香には場を浄化する作用があると言われており、チベット仏教の儀式では必ず用いられます。ただし、あまりきつすぎるものや、科学的な香りのするものは避けたほうが無難です。

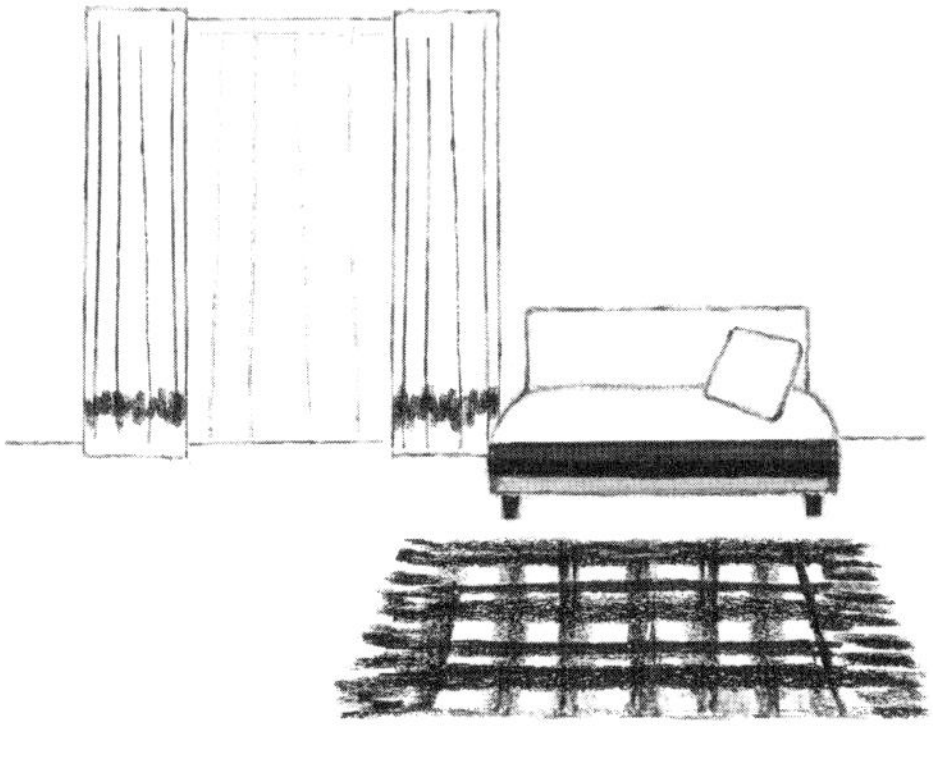

また、チベット法具のひとつであるティンシャを鳴らすのもおすすめです。チベット仏教では、ティンシャの音を餓鬼などの諸魔に食べさせ、地獄に戻すことで場を浄化すると言われています。餓鬼は常に飢えて空間をさまよっていますが、美しい音を食べることで満足し、本来の場所に自分で戻っていってくれるというわけです。ティンシャは、部屋の四隅でそれぞれ1回ずつチーンと鳴らし、最後に座る場所で1回鳴らします。

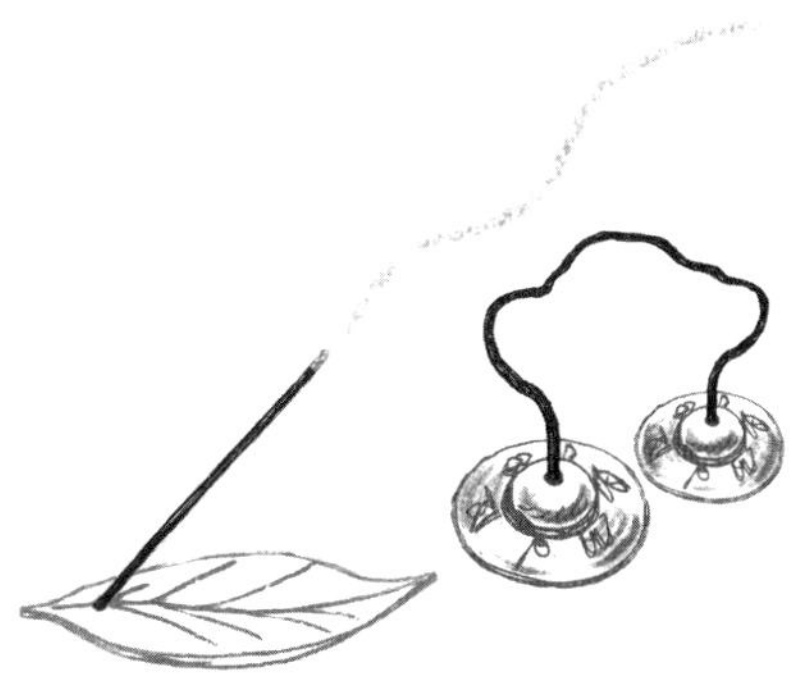

●服装と姿勢

服装については、特にこれといった決まりはありません。ただし、体を締めつけたり、寒すぎたり暑すぎたりするようなもの、リラックスできないようなものは避けてください。

椅子に座る場合、必ず足が地面に着く高さのものを選ぶことが大事です。足がつかずに不安定なままだと、瞑想時に集中したりリラックスしたりできない可能性があります。背もたれがある場合は、できればゆったりと深く腰掛けるのが良いでしょう。

また、床に直接座る場合は、座布団などを敷いて壁面に寄りかかってもかまいません。その場合、正座より胡座《あぐら》、または足を組んだ「結跏趺坐《けっかふざ》」などがおすすめです。慣れないとつい背中を丸めてしまいがちですが、アゴを引いて、できるだけ背筋を伸ばしてみてください。

［姿勢］

椅子に座る場合

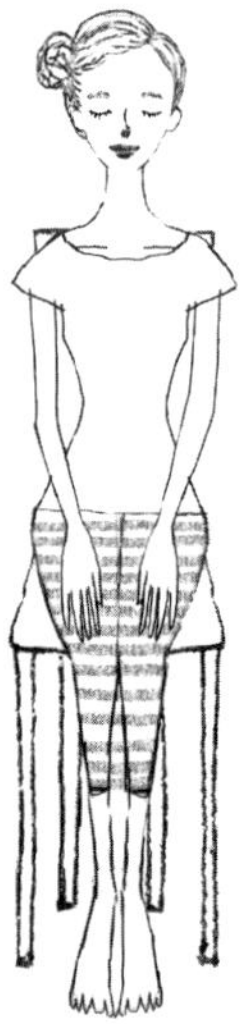

床に座る場合

●体調と水分補給について

あまり神経質になる必要はありませんが、寝不足や風邪の時などは避け、体調や気分がすぐれない時は、無理しないほうがいいでしょう。妊娠中の方や疾患をお持ちの方など、波動の影響が気になる場合は医療機関に事前に相談してください。

また、通常より体の循環が良くなりますので、はじめる前や最中には、充分に水分を補給されることをおすすめします。

●呼吸と意識の整え方

まずシンギングボウルを自分の正面に置き、その横にスティックを置きます。

次に、複式呼吸で口から大きく長くゆっくりと息を吐き、その後、鼻から大きく息を吸い込みます。

意識を体の下で地面と接地している部分（椅子に座っている場合は足裏、床に座っている場合は腿やお尻の部分）に持っていき、空気がそこから上のほうまで順に体中を巡り、やがて口から出ていくようにイメージしてください。これを10回繰り返します。

目は軽く半分閉じ、斜め下45度を見る「半眼」にします。全身の力を抜き、だんだんと柔らかくなるようにイメージしていきます。

●シンギングボウルとスティックの持ち方

次に左手を軽く開き、その上にそっとシンギングボウルを置きます。この時、手を反らせてしまうと不安定になりますし、包み込むようにしてしまうと音が響きません。シンギングボウルの大きさや重さにもよりますが、左手をそのまま膝の上までシンギングボウルの重みに従って下ろしてください。

スティックの持ち方は、スティックの中央部分を親指とそれ以外の4本の指ではさんで持ちます。スティックの持つ場所が上過ぎても力が入りにくく、下過ぎると指がシンギングボウルのふちに当たってしまうので中央を持つようにします。

[シンギングボウルの持ち方]

[スティックの持ち方]

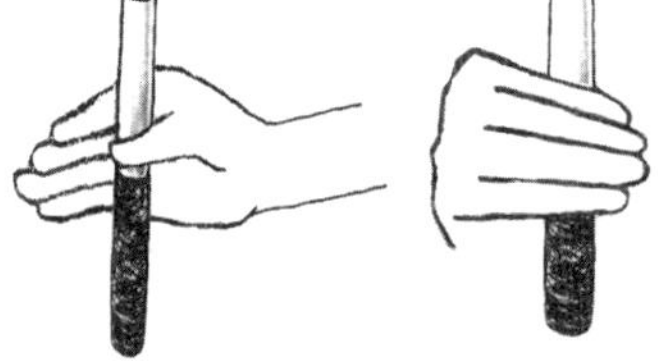

◆シンギングボウルを叩いてみる（ヒッティング）

●弱・強・弱の順番で3回叩く

それでは、いよいよシンギングボウルを叩いてみましょう。姿勢は先程のままで、目は半眼にしてください。スティックをボウルから30センチほど離し、外側の縁に向かって下から上へ、空中に大きな円を描くようにやさしく叩きます。

最初はゆっくりと、シンギングボウルに近づく直前にややスピードを上げ、離れた時からはゆるめていきます。叩く方向は、右と手前の中間から向こう側に向けるのが良いでしょう。持ち上げられる大きさのシンギングボウルの場合、胃のあたりまで持ち上げると扱いやすいですが、できるだけ右手の力を抜き、腕全体を振り子のようにするのがコツです。途中で止まったり、押し返されないように、円形に回る力を利用し、シンギングボウルの角に当たらないように角度にも注意してください。

左手はシンギングボウルを軽く載せる程度で良いですが、叩く際に落ちないよう、しっ

［ シンギングボウルの叩き方 ］

かりと支えておく必要があります。音が消えるまで余韻を確かめたら、次はもう少しだけ強く叩いてみてください。同じように余韻が消えたら、最後にもう一度最初と同じくらいの強さで叩きます。

●呼吸に合わせながら叩く

次に、もう一度同じように弱・強・弱の順番で3回叩いてみます。ただし、今度は目は半眼にし、呼吸に合わせて大きく息を吐きながら叩き、余韻がなくなるまで深呼吸を繰り返します。

●波動を感じながら叩く

最後に、もう一度同じように3回叩きますが、今度は呼吸に加え、音の波動を意識しながら叩いてみます。スティックがシンギングボウルに触れた瞬間から、空気中を波動が伝わり、スティックを振りぬいた方向に向かっていくのが感じられるでしょう。また、同時に左手からも波動が伝わり、呼吸と一体化しながら体の中を巡っているのが感じられるかもしれません。

◆シンギングボウルを奏でる

●最初の音の出し方

次にシンギングボウルの縁をスティックでこすり、音を出してみます。
まず、シンギングボウルを左手の上に軽く載せ、右手のスティックは握らず、中央を親指と4本の指ではさんで持ちます。
はじめは普通に目を開け、息をゆっくり吐いてから深呼吸を繰り返します。

呼吸が整ったら、スティックをシンギングボウルの縁に平行に押しつけるようにし、時計回りの方向にやや強めに回しはじめます。口からゆっくりと息を吐いてから、深呼吸をしながら徐々に回す速度を上げていきます。

この時、スティックがシンギングボウルの縁から離れないようにしてください。力が均等に丸い円を描くようにならないと、音が割れてしまったり、スティックが弾かれてしまったりします。数回回しているう

［ シンギングボウルの奏で方 ］

ちに、ブーンという音が出はじめ、やがて複数の音が重なる倍音が生じてきます。

●そのまま倍音を出し続ける

倍音が出はじめたら、ややスピードを落とし、力を少しずつ抜いていきます。この状態になると、最初のように力を入れなくても自然に音が出るので、シンギングボウルの縁からスティックが離れないように丸い円を描き続けてください。その間も、ゆっくりと深い呼吸を続け、できるようであれば徐々に目を半分閉じ、45度下を見る半眼にしていきます。視線はシンギングボウルに向けながら、一箇所にだけ焦点を合わせるのではなく、まわりを広く見るようにします。この状態を維持しながら、5分ほど同じスピードで続けます。

この際、できるだけシンギングボウルに意識を集中し、他のことを考えないようにすることが大事です。実際、力が入りすぎていたり、他のことを考えていたりすると、きちんとした円が描けず、良い音も出ません。逆に、シンギングボウルに集中して奏でていると、自然と雑念がなくなり、短時間のうちに無心でリラックスした状態になることができます。シンギングボウルから発せられた倍音が、徐々に体へと浸透していくように感じられることでしょう。

●倍音と呼吸を体全体に巡らせる

呼吸のスピードをできるだけ遅く、かつ深くしていきます。左手から波動が体全体に伝わり、息とともに足の裏から足の裏側、尾てい骨、背骨、首を通って頭頂、そしてもう一度頭の前からお腹、丹田、足の前側へと何度か巡り、体の中に徐々に充満し、自分が風船のように膨らんでいくようにイメージします。手や足先が温かくなり、しびれたように感じることもありますが、そのまま残り5分間、休まずに続けます。最後は、静かにスティックをシンギングボウルから離し、振動が余韻とともに消えていくまで深くゆったりと呼吸します。その際、音が広がって空間に溶けていくのと同じように、自分の体も透明になって消えていくようなイメージを持ってください。

●ティンシャを鳴らす

これで基本的な鳴らし方は終わりましたが、できれば終わった後にティンシャを1回鳴らしましょう。ティンシャは瞑想の終わりにもよく用いられますが、この場合は、空間を浄化するだけでなく、広がっていった自分の意識を、この場へと戻すための役割がありま す。（ティンシャにも色々なレベルのものがありますが、やはりおみやげ品のものではなく本物の法具を選んで用いると、高い波動を実感できると思います。）

どうしても手元にない場合は、シンギングボウルを叩くことでも代用できます。先ほどご紹介したようにシンギングボウルを弱・強・弱の順番でゆっくりと3回叩いて終わりにしてください。

Column

シンギングボウルに出会う旅――2

■お坊さんたちに会いにネパールへ

２００５年春、私たちはネパールのカトマンズ空港に降り立っていました。学校をはじめたいというお坊さんたちに会い、人を癒やすことができるというマントラやお経を実際に聞かせてもらうことが目的です。

　中心になっていたお坊さんが声をかけてくれ、チベットやネパールの各地から何人かのお坊さんや尼僧たちが集まってきていました。現在ほど厳しくはないとは言え、チベット人に対する中国政府の圧力が進んでおり、僧侶や尼僧への迫害もはじまっていたにも関わらず、この日のために、何日もかけてバスを乗継ぎ、長い道のりを歩いてきてくれたという方もいました。お坊さんたちにとっても長距離の移動は大変なものだったに違いありません。しかし、緋色や芥子色の袈裟に身を包んだおだやかな表情からは、そうした苦労や悲痛さは感じられず、独特の静かな雰囲気が漂っていました。

　お経を唱えてもらう場所は、街から少し離れた古いチベットのお寺に決まりました。外では鶏や犬が走り、鮮やかな木々の緑にのどかな日差しが降り注ぐ午後、ゆったりとした時間の中で、私たちはこれから来るお坊さんや尼僧たちの到着を待っていました。

■尼僧たちの聖なる声

待っている間に印象的だったのは、最初にお経を唱えてくれる予定の尼僧の方たちでした。数珠を数えながら小さな声でお経やマントラをつぶやいており、その姿は、ずっと瞑想に入っているかのようだったのです。そのうちのひとりは、驚くほど美しい顔のつくりをしていましたが、見方によっては、少女にも老婆にも見える方でした。唱えているかすかな声さえ聞こえなければ、うたた寝をしているのか、起きているのかさえわからない気がしました。まるで、体が透明になって、そのまま消えてしまうのではないかと心配になったほどです。

しかし、本番になると、そうした印象は一変しました。彼女たちがお経を唱えはじめたとたん、まわりの空気が震えるかのように動き出したのです。何もなかった空間に生命が溢れ、私たちの心の中まで波のように次々と押し寄せてきました。それは、日本でお葬式の時に聞いていたものとはまったく違い、それまで体験したあらゆる声や音楽とも異なりました。

どこか見知らぬ国の、はるか昔に聞いたことのある懐かしい声、音が生まれる前の音、この世のものではない聖なる響き……。そういったすべてのイメージが、体の隅々まで染み渡ってきたのです。言いようがない感動に突き動かされ、私たちは知らず知らずのうちに涙を流していました。同時に、深いやすらぎと癒しを感じ、眠る前のような気分にもなっていたのです。

■高僧との出会い

私たちは、この感動をより多くの人に届けたいと思い、録音してCDにしようという提案をしました。それまで音楽を扱ったことはなく、うまくいくかどうかもわかりませんでしたが、彼らの声には人の心を動かす力があることをはっきりと感じていたのです。軌道に乗せることができれば、きっとお坊さんたちやチベットの子どもたちのための学校設立を助けることもできるでしょう。それまで、他にこれといった名案もありませんでしたが、実際にお経を聞くことができたことで、暗闇の中に光が見えたような気がしました。

お坊さんたちは、自分たちだけでは決められないので、リーダーに許可をもらってほしいと言いました。そこで、彼らのリーダーである「高僧」とお会いすることになったのです。

そこは、迷路のような抜け道の先にある、小さな寺院でした。「高僧」という呼び名から、豪華なお寺での面会を想像していた私たちは、入り口の簡素さに拍子抜けしてしまいました。しかし、部屋の中には色鮮やかな仏画などが掛けられており、シンプルな中にも荘厳な雰囲気が漂っていました。

初めて会った時、お香の煙が部屋いっぱいに漂う部屋で、緋色の袈裟を着たチベットの高僧は、ひだまりのような笑顔を浮かべると、分厚い眼鏡の奥の目を細めながら、こう言いました。

「残念ながら、お経を外に出すことは認められません」（続く）

第 3 章

シンギングボウルで心身を浄化する方法

自分自身を癒すチベット五大元素のワーク

チベットには五大元素という考え方があり、世界のすべては地・水・火・風・空の5つの元素からできているとされています。

シンギングボウルには、自分自身を癒す「セルフヒーリング」と、他の人を一対一、またはグループで癒す「他者ヒーリング」がありますが、本章ではセルフヒーリングの中でも、自然のエネルギーを借りながら、自分自身の深い癒しと浄化を行うチベット五大元素のワークを中心に説明します。

集中力と平常心を高める「地」のワーク

●大地とつながる

基本の叩き方とシンギングボウルをこする動作を10分ほど続けるだけでも、体や指先が温かくなり、頭がスッキリして雑念が消えていくのを感じることができるでしょう。ここでは、さらに一歩進め、大地とつながることで安定感をもたらし、集中力を増し平常心を得られるワークを紹介します。

大地は植物などを育む生命や自然の象徴です。このワークは、まず、あなたを自然に近い状態に戻し、安定感へと導くことが目的です。そのため、可能であれば、本来は自然の中や、地面に近い場所で行うのがベストです。土の上にマットを敷いたり、芝生の上などでも良いでしょう。外で行うことが難しければ、もちろん屋内でも構いません。できれば上の階ではなく、１階や地下などが望ましいですが、少なくとも足が床につく椅子を用意するか、床やマットなどに胡座で座るなどしてください。土と直接触れなくても問題ありませんが、足裏や膝裏など、床に触れている体の下部に意識を集中し、大地とつながっているイメージを強く持つのがポイントです。

座った場合は、足裏が床面にぴったりとついていることが大事です。

基本のこする動作を３分間終えた後、そのまま目を閉じて３分間ほどゆっくりと深呼吸してみてください。呼吸の際は、地面とつながった足の裏から大地の波動も一緒に入ってくるようにイメージしてみましょう。基本の鳴らし方の時よりゆっくりと呼吸し、腰から

下の体の下部では重く濃い波動、背中から頭部では薄く軽い波動となって体を巡り、やがて頭頂から上方へと抜けていくのを感じます。最初は下半身が重くなり地面へと引っ張られ、逆に上半身と頭部が上方に引っ張られるように感じられるかもしれません。

●倍音と「間」とを繰り返す

このワークでは、さらにそのまま続けて、シンギングボウルを3分ほどこすり、目を閉じて深呼吸という動作を追加で2回、合計3セット繰り返します。

これはこの後に出てくる他のワークとも共通になりますが、シンギングボウルの倍音を奏でることと、間を取ることを繰り返すのがポイントです。シンギングボウルを奏でている間は、足裏が音の波を通じて地面とつながり、大地のエネルギーを一緒に取り込んでいるイメージを持ってください。3分鳴らしてから3分休むということを3セット行ったら、最後にティンシャを1回鳴らしてワークを終わりにします。

浄化のための「水」のワーク

次に、シンギングボウルの波動を利用した浄化のワークをご紹介します。海、湖、川や池などの水辺で行うのがベストですが、雨の日に行うのも良いでしょう。もちろん、そうした環境でなくても、水の流れる音を流したり、水が流れる様子をイメージすることで同じ効果が得られます。

●自分自身の浄化

このワークからはじめる場合は、ウォーミングアップとして、まずは基本の叩き方とシンギングボウルをこする動作を10分ほど行ってください。他のワークの後に続ける場合は、ウォーミングアップは省略しても結構です。（この後の各ワークも同様となります。）

浄化のための水のワークも、先ほどの「集中力と平常心を高めるワーク」と同じく、倍音と間を繰り返す形で進めます。ただし、今回はシンギングボウルの波動に水の色（薄い水色）をつけてイメージするのがポイントです。まず、シンギングボウルを3分ほどこすりますが、その間にシンギングボウルの波動が水色の波になり、椅子に座っている場合は水が足裏から体に入ってくるようにイメージします。

その後も、呼吸に合わせ、水色の波動を膝裏から背骨を通って後頭部から頭頂、そして体の前部を通り、体の隅々まで巡らせてください。体を通過するうちに、色々と悪いものを溶かし、だんだん水色が濁った色になっていきます。3分鳴らしたあとは、3分間休みますが、その間もゆっくりと深呼吸を続け、体の中の悪いものをすべ

て溶かしきってから、頭頂から水蒸気になって上方に吹き上げていくようにイメージしてください。ちょうど、くじらの潮吹きをイメージしてもらえると良いかもしれません。水蒸気は、そのまま落ちずに上方に飛んでいきます。

これを3回、合計3セット繰り返します。水が体を浄化しているイメージをどれだけリアルに持てるかがポイントです。3セット行ったら、最後にティンシャを1回鳴らしてワークを終わりにします。

●アクセサリーや時計などの浄化

自分自身の浄化が終わった後に、アクセサリーなど、普段体につけているものを浄化することができます。

モノには「念」が移ると言われていますが、自分がそのモノをどう位置づけるかによって、モノの持つ意味が変わってきます。自分自身の見方や考え方を変えることで、モノについてしまった邪気を払うこともできるのです。

進め方としては、自分自身の浄化と同じです。ただし、水の波動を体に巡らせるのではなく、シンギングボウルの中で満ちるようにイメージしてください。一度にためるのではなく、3回に分けて3分の1ずつためていきます。3分鳴らしたあとは、呼吸しながら水がこまかく揺れているのを感じてください。3セット終わったら、水が縁までたまっているイメージが完成します。

振動が止まってから、浄化したいものをシンギングボウルの中にゆっくりと入れます。水がこぼれないよう、そっと置くイメージです。シンギングボウルの波動が、浄化したいものに浸透していくようにイメージしてください。

そのまま一晩置いておき、翌日取り出します。身につける際は、波動がそれらのモノを通じて体と共振しているようにイメージすると良いでしょう。

●水の浄化

シンギングボウルの中に実際に水を入れて「波動水」を作り、お風呂などに入れたり飲んだりする方もいますが、基本的にはおすすめしません。シンギングボウルを傷めてしまう可能性もありますし、人によってはアレルギーなどの心配もあります。

そもそもの考え方としては、水そのものを物理的・化学的に浄化するのではなく、あくまで波動と水のイメージを使い、私たちのとらえ方を変えるということを目的にしています。シンギングボウルの波動のイメージを自由に使いこなせるようになることが重要であり、それさえできれば、実際にシンギングボウルに水を入れる必要はないのです。飲む水やお風呂の水に、シンギングボウルの波動が伝わったとイメージし、体の中に浸透していくことを感じることで、シンギングボウルを鳴らしている時に感じるリラックスや集中だけでなく、浄化された清浄な気分を味わうことができます。

エネルギーを高める「火」のワーク

次に、シンギングボウルからエネルギーを受け取り、自分の中で増幅させていく「火」のワークをご紹介します。気力が出ない時、疲れてしまっている時、体や心が冷えきってしまっている時などに行うのがおすすめです。このワークは、自然界から火の要素を取り入れるため、温泉地や焚き火の近くなどで行うのがベストです。

最も簡単に火の要素を取り入れることができるのは、太陽の光とぬくもりに触れることですが、実際に陽の光がなくても、太陽やマグマの地熱、温泉の温かいお湯などをイメージすることで、火のワークを行うことができます。心地良いお湯にするのか、熱いマグマにするのかは、その時々の目指す状態によって変えてください。

まずは前のワークと同様のウォーミングアップを行ってください。

火のワークも、倍音と間を繰り返す形で進めます。今回はシンギングボウルの波動に赤に近いオレンジの色をつけてイメージするのがポイントです。まず、シンギングボウルを3分ほどこすりますが、その間にシンギングボウルの波動が赤い波になり、椅子に座っている場合は熱いマグマやお湯が足裏から体に入ってくるようにイメージします。

その後も、呼吸に合わせ、赤色の波動を膝裏から背骨を通って後頭部から頭頂、そして体の前部を通り、体の隅々まで巡らせてください。体を通過するうちに、体全体が熱いもので満たされ、大きなエネルギーが溢れてくるのを感じられるでしょう。3分鳴らした後は、3分間休みます。その間もゆっくりと深呼吸を続け、体の中の冷えていた部分がすべて温められるのを感じましょう。体を何回か巡った後のお湯やマグマは、丹田から外に噴き出ていくようイメージしてください。

これを3回、合計3セット繰り返します。熱いお湯やマグマが体を温めているイメージをどれだけリアルに持てるかがポイントです。3セット行ったら、最後にティンシャを1回鳴らしてワークを終わりにします。

創造性を高める「風」のワーク

風のワークは、凝り固まった頭をほぐし、軽やかでしなやかな創造性を高める目的のワークです。

できれば、心地良い風が吹いている外で行うのが望ましいですが、室内でも窓を開けて行ったり、また閉めきった空間でも、頭の中で、草原に風が吹いている様をイメージすることで、問題なく行うことができます。考えが煮つまってしまった時、現状を離れて新しいアイディアを出したい時などにおすすめです。

ウォーミングアップは前のワークと同様に行ってください。

創造性を高める風のワークも、他のワークと同じく、倍音と間を繰り返すかたちで進めます。今回はシンギングボウルの波動を風になぞらえてイメージするのがポイントです。

まず、シンギングボウルを3分ほどこすりながら、シンギングボウルの波動が風になり、椅子に座っている場合は足裏から体に入ってくるようにイメージします。

非常に細かい粒子になって体に浸透し、体の中に満ちていくのをイメージしてください。体の中で隅々まで巡った後、体が風船のように膨らみ、上方に向かって浮かび上がっていくのを感じます。余韻に意識を集中することで、鳴らしていない間にも風のイメージを強く持続できるかどうかがポイントです。

できるだけ体を軽くし、上方に体が引っ張られるように感じたら、実際の体はそのまま残して、イメージの中だけでも体を浮かび上がらせてみましょう。上空から自分の姿を見ることができたら、もう一度ゆっくりと自分の中に戻ってきてください。

これを3回、合計3セット繰り返します。軽やかで心地良い風が体の中に入り、やわらかく体や頭をほぐしていくイメージをどれだけリアルに持てるかがポイントです。3セット行ったら、最後にティンシャを1回鳴らしてワークを終わりにします。

自由な心を高める「空」のワーク

次に、自由な心を高めるための「空」のワークをご紹介します。チベット仏教では、人間が克服すべき煩悩を貪《とん》・瞋《じん》・癡《ち》の「三毒」と呼び、苦しみや悩みの元としています。貪は必要以上に求める欲、瞋は怒りを、癡は無知や怠ける心を指します。この「空」のワークは、こうした気持ちが生じた時、しがらみにとらわれてしまっている時、ネガティブな気持ちに支配されそうになっている時などに行うのがおすすめです。

このワークは、その名の通り空が広く見える場所などで行うのが良いでしょう。青い空をイメージし、心のもやもやが天まで溶けていくのを感じてください。空は「空っぽ」とも読めますが、青色というより、むしろ透明や白い光をイメージしてもらうのが良いかもしれません。

このワークからはじめる場合も、同様にウォーミングアップとして、まずは基本の叩き方とシンギングボウルをこする動作を10分ほど行ってください。他のワークの後に続ける場合は、ウォーミングアップは省略していただいて結構です。

まず、シンギングボウルを3分ほどこする間に、シンギングボウルの波動が白い光になり、椅子に座っている場合は足裏から体に入ってくるようにイメージします。

次に、白い光が体の中を通り、徐々に満ちていくのをイメージしてください。体の中を隅々まで巡った後、体そのものが内側から白い光になっていくのを感じます。やがて、体全体が白い光になって上方に浮き上がっていくのを感じたら、上方から実際の体を眺めているのを感じてみましょう。そうしてしばらく上方から観察したら、もう一度ゆっくりと自分の中に戻ってきてください。

これを3回、合計3セット繰り返します。白い光が体の細胞の隅々までを照らし、すべてを光の粒子で溶かしていくイメージをどれだけリアルに持てるかがポイントです。3セット行ったら、最後にティンシャを1回鳴らしてワークを終わりにします。

その他の活用法

◆シンギングボウルの波動を染みこませる

前項の鳴らし方を何度か繰り返していくと、シンギングボウルを奏でていない時でも、倍音が聞こえるようになってきます。音だけでなく、奏でている時と同じような感覚を再現できるようになってくるのです。1回目からは難しいかもしれませんが、何度か行ううちに、シンギングボウルの倍音が空耳のように残っていきます。そして、全然関係のない音を聞いても、まるでシンギングボウルの倍音のように聞こえたりするようになっていくのです。例えば、車のエンジン音や工事現場の振動、街頭での大音量の演説などが、ある日突然シンギングボウルの音として聞こえるようになります。まさに、シンギングボウルの倍音や波動が「体に染み込んだ」わけです。

この現象は、どのように解釈すれば良いのでしょう。これまでの研究によれば、脳は一定の条件がインプットされると、情報を選択的に収集するとされてきました。例えば、10秒だけまわりを見渡してから目を閉じ、何が見えていたかを聞かれても、普通の人はあまり多くの答えを出すことができません。次に何をするか知らずにぼんやりとまわりを見ていたとしても、見ているようで何も見ていないのです。

ところが、もう一度目を開けて「赤いものを探してください」と言われたとたん、それまではまったく目に入ってこなかった赤い色のものだけが、強く意識されて記憶されます。次に目を閉じても赤いものを答えることができるようになるのです。先ほどのシンギングボウルの場合にあてはめると、一度シンギングボウルの波長を脳にインプットすることで、外界にあるさまざまな音の中からその波長だけを選んで拾うようになるのかもしれません。

トレーニングを続けていくと、シンギングボウルの倍音は、単独の音としてではなく、

「無心で集中した状態」とつながって脳や体に記憶されるようになっていきます。「心頭滅却すれば火もまた涼し」という言葉がありますが、シンギングボウルの音をイメージするだけで、それぞれのワークが目的とする状態に入ることができるようになっていくのです。

例えば、満員電車の中での不快な状況や、人前で話すのが苦手で緊張してしまいそうな場面でも、シンギングボウルの音を思い出すことで、通常以上に落ち着いた状態へと自分を戻すことができます。また、ついカッとなってしまったり、嫌な気分になったりというように感情がコントロールしにくくなった際でも、シンギングボウルの波動をイメージすることで、一瞬のうちに平常心に戻ることができるようになったりするのです。

◆自分の声とシンクロさせる

一部のチベットシンギングボウルの波動は、マントラやお経の儀式を経て仕上げられていると書きましたが、シンギングボウルに合わせて声を出すことで、マントラに近い波動を出すことができるようになります。基本の鳴らし方を行う際、鼻から吸った息を出しながら、できるだけ長く続くように「オーム」という声を口から出します。この際、呼吸と同じように足裏から入った波動が、口から出て行くイメージを持ってください。自分の体全体がシンギングボウルに共鳴し、一緒に鳴っているように感じることがポイントです。

うまく声がシンクロするようになってきたら、次に「フーム」という声へと変えていきます。基本の鳴らし方以外でも、五大元素のワークを行う際にも、声を加えることによって、さらに強く波動をインプットすることができるようになるでしょう。あくまで同じ波動であれば良いので、必ずしもマントラそのものを唱える必要性はありませんが、慣れてきたら「オム・マニ・ペメ・フム」という観音菩薩のマントラを唱えてみるのも良いでしょう。日本人にも覚えやすく、唱えやすいので、一語ずつをできるだけ長く、10秒以上くらいにわけて唱えると良いかもしれません。

◆ポジティブなイメージをインプットする

シンギングボウルを用いた後は、心の中の無駄なものが削ぎ落とされ、直感が働きやすくなっています。そのため、ポジティブなイメージや言葉をインプットすると定着しやすくおすすめです。

●なりたい自分のイメージを高める写真や言葉を眺める

普段から自分の理想とするライフスタイルや目標などを、言葉や写真などの形で集めておき、シンギングボウルを奏でた後に一定時間眺めるのも良いでしょう。

シンギングボウルによって浄化されたあと、目標や理想がスムーズに入ってくる場合もありますが、逆に違和感を感じる場合もあります。その場合、本心から出た目標なのか、妬《ねた》みや嫉《そね》みなど不純な動機に基づいたものでなかったかどうかを考えなおすきっかけになります。

◆浮かんだイメージをアウトプットする

●言葉をノートに書き留める

シンギングボウルのワークを行うと、さまざまなイメージが浮かんでくることがよくあります。実際に小さな子どもたちに音を聞かせると、「海の底を歩いていて、上を見たら水面がゆらゆらと動いているのが見えた」とか、「お花畑の中に寝転んで空を見ていた」というようなコメントが次から次へと出てきました。

大人の場合でも、「昔おばあさんの背中におんぶされていた時に聞いた歌のことを思い出した」「できないはずなのに、颯爽とスケートしている自分のイメージが浮かんだ」などという、思いがけない声が出てくることがあります。ワークを行う際には、そうした言葉を毎回書き留めておき、何か思い当たることはなかったか、その後どのように変化したかなどを検証してみるのも良いでしょう。

●イメージをそのまま絵としてスケッチする

頭に浮かんだイメージをスケッチしてみたり、絵の具などで色を載せてみるのもおすすめです。瞑想は夢につながる行為とも言われますが、ワーク中に見たイメージを明確に描けるようになってくると、夢も徐々にクリアになってきます。描いた絵は、単に保管するだけでなく、時々眺めて内容を検証したり、夢と比較したりすることで、これまで気づいていなかった自分の内面や目指す方向に気づいたりすることがあります。

●倍音呼吸法

他にもシンギングボウルの倍音と呼吸法を組み合わせた「倍音呼吸法」というメソッドがあります。忙しい日々の合間にも「倍音呼吸法」を活用することで、場所や時間を問わず、簡単に深い癒しを得ることができる方法です。

◆他者ヒーリングの方法、またシンギングボウルを仕事にしたいという方へ

他の人へのヒーリングや仕事として使いたいという方は、さらに本質的な知識や技術、関係法令、禁忌事項、クライアントとの接し方などについて正しく理解していただくことをおすすめします。(例えば、シンギングボウルを他人の体や頭に直接当てて鳴らしたりマッサージしたりすると、健康上や法律上の問題が生じる恐れもあります。)

一般社団法人国際シンギングボウル協会(ＩＳＢＡ)では、より高度なセルフヒーリングやシンギングボウルの演奏、他者へのヒーリングなどを学ぶ中級編~上級編、仕事として活かしたいという方のための講師養成講座や資格制度なども設けています。

Column

シンギングボウルに出会う旅——3

■本当の目的がわからなければ、続けることはできない

自分たちの提案に酔いしれかけていた私たちは、そのひと言に驚きました。まさか否定されるとは夢にも思わず、高僧との面会も単なる儀礼的なものだろうと思い込んでいたのです。そこで気を取り直して、なぜこれをすべきなのか、とメリットを色々と説明しましたが、高僧は頑として首を縦に振りませんでした。私たちは、なぜダメなのか、どうすればいいのか、という質問を逆に投げかけてみたのです。すると、高僧は「そんなこともわからないのか」とでも言うように、不機嫌そうな調子で、こう答えました。

「あなた方が、私たちのためにしようと言うからです」

この答えも私たちの想像を超えていました。門外不出の密教だから、という答えが返ってくるのではと心配していましたが、それはまったく思いもよらない理由でした。そもそも、お坊さんたちのほうから頼まれたのがきっかけですし、乗りかかった船ということで、わざわざネパールまで来たのです。はじめる以上、何とか結果を出したいと知恵を絞った末の案でしたので、すぐに「NO」を出した高僧の態度に少し腹が立ってもいました。彼らのために行おうとしていることを、なぜそのリーダーから否定されなければならないのでしょう。私たちの困惑した顔を見て、高僧はふたたび口を開きました。

「本当の目的がわかっていなければ、決して続けることはできないのです」

頭を金槌で殴られたような気がしました。チベットの子どもたちのためにとか、お坊さんのためにという理由は、私たちの本心ではなく、その状態ではじめたとしても長く続くことはないだろう、と言うのでしょう。

言われてみると、相手のためにというのは、きれいごとだったかもしれません。心のどこかには、自分たちのやりがいになるかどうか、利益がきちんと出るのかどうかなどを計算している部分があり、逆に言えば、どうしてもお金にならないことがわかったら、すぐにやめてしまう可能性もあったのです。

また、助けてあげようという気持ちの中には、どこか相手を下に見ている面があったのでしょう。相手のためにと言いながら、実は自分たちのエゴのため、いいことをしようとしている自分たちの姿に酔っているという面もあったかもしれません。高僧は、ほんのわずかな会話から、そうした私たちの心を見透かしたかのようでした。

■自分自身と身近な人のために

しかし、高僧は、もっと深いことを伝えようとしていたようでした。

「私たちのためではなく、あなた方自身のためであるなら、協力しましょう。しかし、まずあなたたちの魂の成長のため、そしてあなたたちの身近な人たちを助けるためのものでなければなりません」

高僧は、自分は日本には行ったことがないが、まず助けが必要なのは日本の人たちではないか？　と言います。日本は経済的にも発展した豊かな国で、しかも仏教国でありながら、毎年何万人もの人が心を病み自殺していると聞いている。それはなぜなのか、と。

こんなところで日本人の自殺についての話が出るとは思ってもいなかったため、私たちは答えに詰まってしまいました。助けが必要なのは、チベットの子どもたちではなく私たち自身。チベット人ではなく、日本人だと言うのです。お経を外に出してもいいが、その目的は私たち自身や日本人のため……。これまでの考えが根本からひっくり返されて困惑していると、先ほどまで笑みを浮かべていた高僧の目が、いつの間にか真剣味を帯びていることに気がつきました。高僧は、ギラリと目を光らせて言いました。

「私たちは、経済的には決して豊かではありません。自分たちの国も失くし、親族や家族と離れ離れになってしまっている者もたくさんいます。しかし……」

そこまで話すと、やや長い沈黙が訪れました。話の途中で何かを思い出したのか、高僧は目を閉じて考えごとをしているかのようでした。私たちもそのまま黙っていると、しばらくして高僧は再び口を開きました。

「大丈夫。私があなたたちのためにお手伝いすることは、はじめから決まっていたようです。私たちが唱えるお経は、心を清らかにし、高めていきたいという人たちのためのものですから、きっと日本の人たちのために役立つことでしょう。今は私たちのために、ということは考えていただく必要はありません」

そして、あの人懐っこい笑みを浮かべて、いたずらっぽく、こう言ったのです。

「うまく行ったら、チベットのことを少しは思い出してください。返してもらえなくても別に構いませんが、日本の人たちに、ひとつ貸しを作っておきましょう」

■すべての物事には理由がある

私たちは、言葉を失ったまま、高僧の目を見つめていました。まだ具体的には何もはじまっていないというのに、まるで長いトンネルを抜けて明るい太陽の下に戻ってきたかのような気分でした。

高僧は、私たちがここまで来た理由は、チベットの子どもたちやお坊さんのためではなく、自分たちが心の中で本当に探していたものに出会うためだった、と言うのです。それはずっと前から決まっていたことだったが、あなたたちが、それに気づいていなかっただけなのだ、と。

そう言われてみると、私たちがなぜお坊さんたちに出会ったのか、なぜわざわざここまで来たのか、すべて、偶然ではなかったかのように思えてきました。興味がなければ最初から話を聞いていませんし、途中で断ることもできたはずです。少なくとも、わざわざネパールまで出かけてくることはなかったでしょう。自分の心の中に、素直に耳を澄ましてみると、確かに何か大きな力によって導かれていると考えたほうがしっくりときたのです。

私たちは、チベットの高僧の力を借りなが

ら、私たちだけしかできないことをはじめることにしました。チベットのお経やお香が、「今の日本人に必要なもの」なのかどうか、まだ実感できていませんでしたが、自分たちや日本人のためになることをやっていくうちに、何らかの結果が見えてくるだろうという気がしていました。チベットのために何かで役立ちたいという気持ちに変わりはありませんでしたが、厳しくもユーモラスな高僧とのやりとりの中で、余分な肩の力はすっかり抜け、逆に心の底から力がわいてくる気分になっていました。

高僧は、協力するにあたって、ひとつだけ条件をつけました。「自分は、あなたたちといつも一緒にいるわけにはいかないから、あなたたちをいつでも見守ることができるようにお祈りをさせてほしい」と言うのです。

それは、灌頂《かんじょう》というチベット密教への入信の儀式で、この儀式を受けることで、私たちは高僧の弟子になるというものでした。護摩を焚きながら長いお経を唱えてもらい、浄化と慈悲の心をもたらすと言われる儀式です。

私たちは、一応は仏教徒ですが、特定の宗教を深く信仰しているわけではありませんでした。通常の日本人のように、正月には神社に行き、クリスマスも祝います。そのため、チベット高僧の弟子になる儀式と言われても、特に実感はなく、スタートのためのキックオフ程度にしか考えていませんでした。

■チュウというお経

ただ、儀式の中で唱えられる「チュウ」というお経の説明には興味を覚えました。お経の目的は、「呼び寄せた餓鬼（飢えた悪鬼）に自分の体を食べさせる」ものだというのです。

長い儀式の間、私たちは長旅の疲れからか何度も強い眠気に襲われました。高僧による詠唱のような読経、時おり響き渡る打楽器の音、遠い記憶を呼び覚ますかのような複雑なお香の香りなどに幻惑され、いつの間にか、なかば気を失っていたのです。

事前に聞いていた「チュウ」の説明があまりに気味が悪かったためか、いくつかの短い夢を見ました。無数の小さな黒い鬼が自分の体に群がり、肉をちぎっては食べているのです。と言っても、夢のせいか痛みはなく、自分の体が食べられていくのを冷静に見ている自分がいました。不快感と怖さで汗が噴き出していたのを感じましたが、一方で不思議な心地良さも感じていました。

自分の体が食べられているのに、なぜこんなに気持ちがいいのでしょう。朦朧とした意識の中で、餓鬼はやがて鳥葬場に横たわる自分の死体をついばむチベットコンドルの姿になり、次の瞬間には逆に自分自身がチベットコンドルへと姿を変えていました。そして、大きく翼を羽ばたかせると、雲ひとつない空に舞い上がることができたのです。

■高僧の弟子になる

地上を眺めると、そこにはまだ他のコンドルについばまれている自分の体がありました。ヒマラヤの山々の上に広がる青い空のさらに上には、白く輝く太陽があります。その強い光に照らされると、鳥になった自分の体は少しずつ透明になり、空中に消えはじめたのです。コンドルになって大空を飛びながらも、体は大気に溶け、目に見えない細かな粒子になりました。そして、さらに粒は細かくなり、やがて風そのものになっていったのです。足、手、腹……と、だんだんに体がなくなり、すべてが消えようとした時、チーンという高く澄んだティンシャの音で目が覚めました。儀式は終わり、私たちは晴れて高僧の弟子になったのです。

私たちの頭上に聖なる水をふりかけたあと、高僧は私たちのチベット名が書かれた札と水晶で出来た数珠を渡し、ゆっくりとした口調で言いました。

「これで私にできることは終わりました。これからも、さまざまな困難が起こりますが、それらはすべてあなたたちを試し、鍛えるためのテストだと思ってください」

それが今も続く長いプロジェクトの本当のはじまりでした。

その後、私たちは、チベット密教のお経を録音させてもらえることになり、アムチという伝統医が作ったお香とともに、日本に紹介していくことになったのです。

後から別のお坊さんに聞くと、チュウの儀式は我欲を捨てることで慈悲の心を得るためのものなので、人によっては色々と反動が出てくるかもしれないということでした。そのことと関係があったのか、私たちのうちのひとりはその晩からひどい湿疹に悩まされ、もうひとりは下痢と嘔吐で起き上がることができなくなってしまいました。しかし、不思議なことに、そうした症状も一晩明け、もう一晩明けるうちに、次第に何もなかったかのように収まり、帰国する日にはすべてがもとに戻りました。（続く）

第 4 章

シンギングボウルの由来の謎

伝えられてきたいくつかの説

シンギングボウルの由来や歴史については、いくつかの文献がありますが、正確なところはわかっていません。

まずは、これまで語られてきた説を簡単に紹介しておきましょう。

◆丸い金属の器が持つ神秘性

紀元前3500年頃に芽生えたメソポタミア・エジプトの青銅器時代から、紀元前1500年前頃のヒッタイト鉄器時代に至るまで、金属は武器や農具に用いられるなど、その時代の民族の存亡をになってきました。古代文明において、金属の製法は秘中の秘とされており、それ自体が富・権力・パワーなどの象徴でもあったのです。

また、丸い器の形は、古代から魔術的な力を持つと考えられ、世界各地で不老不死や永遠性のシンボルともされてきました。暑い気候の地では、丸い金属の容器にものを入れることで、腐りにくくなるという効果もあったため、丸い器自体が神秘的な力を持つと考えられてきたようです。例えば、古代エジプトでは、ミイラにする死体から内臓を抜き取り、将来復活した際にそのまま元に戻せるよう、4つの丸い壺に入れて一緒に埋葬していました。

◆シンギングボウルはおりんの原型か

一説によれば、シンギングボウルは、約2400年前、インド（現在のネパール）において仏教とともに使われはじめ、その後チベット、中国など各地に伝わったとされています。現在、日本で仏具として使われている、「おりん」（「鈴」・「輪」）は、梵音具《ぼんおんぐ》、つまり梵（＝インド）の音を出す道具として、当時、木魚や木鉦と同じ時期に伝来したものであり、その原型がシンギングボウルであるという説です。

もともと宗教と音楽は密接な関係があり、精神を統一させ、場を浄化させるための楽器が存在していました。シンギングボウルは、「法具」つまり仏教で悟りを得るための補助ツールとして他の法具とともに伝来し、中国や朝鮮半島を経て日本に伝わって「おりん」になったという説は、それなりに説得力があるように思われます。

◆チベット僧がもたらした法具という説

現在、最も有力とされている説は、1959年のダライ・ラマ亡命以降、各地に散らばったチベット僧がもたらしたというものです。チベット僧をはじめとするチベット人は、本国を離れたあと、インドやネパール各地で独自のコミュニティを形成し、地域に根づくとともに、文化・宗教面でも特色を発揮しました。もともとシンギングボウルは「チベタンボウル」や「ヒマラヤボウル」とも呼ばれており、チベット人やチベット仏教に深い関わりがあったと考えられてきました。

チベットに仏教が伝えられたのは8世紀、パドマサンバヴァという密教行者（チベット密教で最も古い宗派であるニンマ派の開祖）がインドからもたらしたものとされています。チベットは、古代からインドと中国という巨大文明の狭間に位置していましたが、一方でヒマラヤ山脈という高所や過酷な自然環境に守られ、他の民族とは異なる独自の文化が発達してきました。チベット仏教も寺院という形で外から隔絶され、密教という性格上からも、その詳細は外部に明かされていませんでした。しかし、多数のチベット僧たちが亡命した際、そうしたチベット仏教のさまざまな情報も一緒に外部へと流れたと考えられます。シンギングボウルもそれらのうちのひとつだったというのです。

◆欧米人やインド人、ネパール人が「発明」したという説

以上の2つが主なものですが、まったく異なる説もあります。そのひとつは、1970年代頃、欧米人がシンギングボウルを発明したというものです。当時、多くの欧米のバックパッカーが、インド・ネパールへと旅しており、そうした人のうちの誰かが、金属製のボウルで複雑な音を出せることを「発見」したというのです。あるいは、欧米人を顧客としたインド人、ネパール人が、そのニーズに応えようと「発明」したという可能性もあります。最初がどのようなきっかけだったのかはわかりませんが、金属製のボウル自体は以前からあったと思われますので、コロンブスの卵のように「使い方」が発見されたとも言えるでしょう。この説によれば、先ほどとはまったく異なり、シンギングボウルは数千年

の昔からあるものではなく、40年程度前に生まれたものであるということになります。
もうひとつの説は、シンギングボウルとよく比較される「クリスタルボウル」がシンギングボウルの原型であるというものです。クリスタルボウルとは、ガラス質などの材料で工業的に作られたボウルで、叩いたり縁をこすることで、シンギングボウルと同じように倍音を出すことができます。クリスタルボウルの起源は明らかにされていませんが、20世紀の後半にアメリカで作られたものと言われており、これまでは、クリスタルボウルがシンギングボウルをもとに作られたとされてきました。しかし、逆に、クリスタルボウルを真似て金属で作られたものがシンギングボウルだというのです。

これまでシンギングボウルは数千年前からのものと考えていた人にとっては、いずれも納得できそうもないような説ですが、必ずしも荒唐無稽と言い切ることはできません。両方の説に共通するのは、シンギングボウルのはじまりに40～50年前の欧米人が深く関わっているということです。確かに、欧米で書かれた本では、使い方やチャクラへの考え方など、クリスタルボウルと酷似している点が多々見られます。

これまでの説を検証する

◆「ミッシングリンク」をどう説明するか

次に、これまでの説を検証し、他の可能性についても見て行きましょう。

まず、シンギングボウルがおりんの原型であるという説ですが、実は、この説には大きな問題があります。というのも、調べてみると、インド、中国、朝鮮半島や、その他の東南アジアの仏具・法具には、シンギングボウル、もしくはそれに似たものが存在していないのです。

日本以外の仏教国では法具、仏具ともにお葬式とはあまり関係がありませんが、邪気や魔を払い、場を浄める、仏を呼び寄せるなどという目的から言えば、おりんとも共通性がありあます。しかし、シンギングボウルがおりんの原型だとすると、なぜそれ以外の国では消えてしまったのかがわかりません。

インド、ネパール、中国や朝鮮半島で使われる銅鑼《どら》や鐘、インドネシアのガムランなどは金属製の打楽器ですし、中国にはシュクやギョと呼ばれる木製の楽器（木魚の原型かもしれません）があるようです。しかし、形状や使い方はシンギングボウルとはまったく異なり、少なくとも仏具・法具ではないのです。


もともと法具として使われていたのが、他の国には定着せず、何らかの理由で使われなくなったのかもしれません。あるいは、チベットから他の国を飛ばして直接日本に持ち込まれたのでしょうか。

いずれにせよ、なぜ、シンギングボウルとおりん以外に似たものが存在していないのか、これまでのところ、その疑問を説明できる有力な証拠はないようです。

◆シンギングボウルはチベット仏教の法具なのか

もうひとつ検討しなければならないのは、そもそも「シンギングボウルはチベットの仏具・法具なのか？」という点です。実は、現在のチベット仏教において、シンギングボウルという形で音を鳴らす仏具・法具を見ることはできないのです。法具とは、仏教の儀式や修行に用いられる道具のことで、さとりを得るための補助具であると考えられていいます。チベット仏教の法具としては、ティンシャ（チベタンシンバル）、ドルジェ（金剛杵）、ガンター（金剛鈴・ベル）や太鼓などが使われていますが、シンギングボウルそのものの姿は見ることができません。法具は単独で意味を持つものではなく、あくまで仏教の儀式や修行に使われるもののため、シンギングボウルを用いた儀式や修行がない以上、少なくとも現在のチベット仏教の中ではシンギングボウルという形での法具は存在していないと言わざるを得ないでしょう。

もちろん、何らかの理由でシンギングボウルだけが法具として使われなくなった、とも考えられなくはありませんが、その理由は何かという疑問はどうしても残ります。また、いつ、どのようにしてそうなったのかということも検証されてはいません。シンギングボウルがチベット仏教の法具というのは、現在の日本では「定説」になっていますが、実際に複数の専門家や関係者に聞くかぎり、その可能性は低いと考えられます。少なくとも、現在得られている情報からは、そう述べることは難しそうです。

ひとつ注目しておきたいのは、密教における「六器《ろっき》」（金属製の小型椀で、同じ形の6個を一組とし、密教立《みっきょうだて》の法要で導師が修法に用いる法具）の存在です。六器は密教法具として日本の密教でも現存しており、形だけ見ればシンギングボウルに似てると言えないこともありません。

厳密には形も異なりますし、そもそもの目的も異なりますが、六器がシンギングボウルの起源に大きな関係を持っている可能性はありそうです。

◆オールドボウルから考えられること

オールドボウルとは、その名の通り、古い時代に作られたとされる古いシンギングボウルです。そこで、オールドボウルの年代を調べていくことで、シンギングボウルがいつ頃から作られたものなのか、知ることができるかもしれません。

骨董品の世界では、一般的に製造された時点から１００年を経過した工芸品・手工芸品・芸術品などを「アンティーク」と定義し、100年を経ていなくても価値のあるものは「ビンテージ」、それほど価値がないものは「ジャンク」と呼び、その古さと希少性によって価値を判定しています。

シンギングボウルについては厳密な定義はありませんが、オールドボウルとは、一般的に今から30~40年以上前に製造されたものを指すとされています。ただ、残念ながら、現在売られているものは、オールドボウルという呼び名を売り手が勝手につけていることがほとんどで、新しいものを古く見せかけた模造品も多いようです。

私たちは、「オールドボウル」と呼ばれるものをいくつか入手し、年代測定法などを使って製造された時期を調べたことがあります。できるだけ古いシンギングボウルを探しましたが、残念ながら、これまでのところ40年を超える古いものには出会うことができていません。もちろん、単なる器ということであれば、それを超える古いものはいくつもあります。しかし、それらの音や形などを実際に見る限り、食器や他の目的で用いられていたことは明らかであり、少なくとも音を鳴らすために用いられていたとは思えないものがほとんどです。単に見つけることができていないだけで、今後、さらに古いものに出会えるかもしれませんが、現状ではシンギングボウルの歴史を40年以上前にさかのぼることは難しいのではないかと考えています。

◆シンギングボウルは、いつ、どこからはじまったのか

これまで述べてきた情報をまとめると、シンギングボウルの歴史は、やはり1970年代頃からはじまったのと考えるのが自然なのです。シンギングボウルが最初に作られた場所についても、正確に知ることは難しいのですが、これまでオールドボウルは主にインド、ネパールで入手できたことを考えると、やはり、その頃にインド・ネパール・チベットの各地で製造されていたのではないかと思います。

1970年代と言いますと、先ほど述べた「欧米人か、もしくは欧米人と接していたインド人、ネパール人がシンギングボウルを発明、発見した」という説が有力になってくるかもしれません。その当時の欧米などの先進国に共通することですが、あらゆる分野で、それまでの価値観に対する疑念が提起され、多くの若者が社会的な閉塞感に直面していました。政治や科学だけでなく、音楽・芸術・文学などの分野でも、さまざまな実験的な試みが生まれていたのです。何らかの形でこれまでの「現実」を越えるもの、いままで否定

されてきた価値観や神秘性が見直され、再発見されていました。その時代のインドやネパールという場所から考えると、そうした流れの中で、シンギングボウルが「発見」、または「発明」されたことは充分考えられます。

◆欧米とチベットの遭遇によって生まれた？

一方、シンギングボウルは、従来からチベタンシンギングボウル、ヒマラヤンシンギングボウルなどとも呼ばれ、その名のとおりチベット地域やインド・ネパール、中国内のチベット地区などに広がるチベット人コミュニティで作られ、伝承されてきたものと考えられてきました。チベット仏教の法具であったかどうかは別として、少なくともそのはじまりにおいては、チベットとの深いつながりがあったとされてきたのです。

しかし、先ほどから指摘しているように、シンギングボウルは、チベット人によって生み出されたものなのかというと、どうやらそうは思えません。また、先ほど述べたように、現在のチベット仏教法具の中にシンギングボウルという形では現存していないことを考えると、チベット僧がもたらしたという説は、説得力に欠けると言わざるをえません。

そこで私たちが考えたのは、シンギングボウルは欧米人がチベット仏教や文化と遭遇することによって生まれたのではないかという説です。

もともと欧米では、仏教は宗教というより思想・哲学としてとらえられており、高い精神性の象徴としてインテリ層を中心に関心を持たれてきました。その背景には、一神教としてのキリスト教とは異なる仏教の教義だけでなく、若さと美、健康、財宝、地位や権力など、すべてに恵まれた王子でありながら、それらに満足できず、すべてを捨てて真実を求めようとした、ブッダの人生への共感があったとも考えられます。

あくまで仮説に過ぎませんが、１９７０年代頃のインド・ネパールにおいて、これまでとは異なる新しい価値を求める欧米人と、人民解放軍から逃れてきたチベット僧との「遭遇」があったのではないでしょうか。直接的な交流があったかどうかは別にして、欧米人がチベット僧の姿に出会うことで生じたイメージは、色々な形で出現してきたと考えられます。俗事から離れ、余分なものを持たずに修行を続けるチベット仏教の僧侶や、一心不乱に五体投地礼を繰り返すチベット人の姿は、欧米人の感性に刺激を与え、音楽、文学、アートなどさまざまな分野での価値の創造につながっていきました。

そうした中、最初がどのようなきっかけだったのかはわかりませんが、ある時、六器などの別の目的を持った法具が、音を出すためのものとして「発見」され、不思議な音とチベットとのイメージが、重ね合わされることになったのではないでしょうか。当初は音を出す器ではなかったため、音自体は不完全だったかもしれません。しかし、チベット仏教や文化が注目される中、不思議な音の響きはチベットという東洋的イメージと結びつけられ、進化・発展したシンギングボウルが作られるようになっていったのではないかと考えられます。逆に言うと、シンギングボウルは、チベットというイメージを得ることで、それまでの欧米的な価値観とは異なるカウンターカルチャーとしての地位が固まり、急速に広がっていったと考えられます。

◆インド人・ネパール人によって広がったシンギングボウル

こうしてチベット人と欧米人との遭遇によって「発明」されたシンギングボウルは、その後、おみやげ物として売れるということが明らかになったとたん、インド人やネパール人たちによって大量に作られるようになりました。実際、現在のシンギングボウルは、チベット人ではなく主にインド人やネパール人によって作られています。インドやネパールには、金属製の食器や道具、装身具、家具の部品などを作っていた職人集団があり、それらに追加して製造されるようになったのかもしれません。

もともとチベット人は、遊牧民族であり、交易を担う商人でもありました。そのため、チベット人の中にもシンギングボウルの製造・販売に関わっていた人がいたかもしれませんが、商才のあるインド人やネパール人とくらべると、相手にならないと言ってもいいでしょう。インド、ネパールともに、チベット人の国ではないこともあり、観光地などの主要な場所やビジネスの中枢はほとんどインド人・ネパール人が押さえています。当初はチベットも何らかの関わりがあったかもしれませんが、現実にはシンギングボウルはチベット人のものではなく、インド人やネパール人が扱うものであったと考えられます。

チベット人は、モノを持たない民族ゆえか、基本的に、ものごとへの執着が薄いとされています。また、宗教（チベット仏教）と日常が一体化していることも多いため、宗教的な価値が現世利益的な価値に優先してしまう傾向もあります。「チベタンボウル」や「チベットボウル」と呼ばれながら、チベット人自体はシンギングボウルを扱う中心的な存在にならなかったのも、自然な流れだったのかもしれません。

◆チベットのイメージと結びつけられたシンギングボウル

ここまで、シンギングボウルの発祥と歴史について、私たちが考えた仮説を書いてきました。これまで言われてきたこととは異なる面もあるため、違和感を感じられた方がいらっしゃるかもしれません。いずれにせよ、シンギングボウルが古代から伝えられてきたものなのか、それとも欧米人によって六器が転用されたり、あらたに「発明」されたものなのかは、くわしいことはまだわかっていないのが実情です。今後の研究によってまったく異なる説が出てくる可能性もありますし、さらに古いオールドボウルなどが発見されることによって、シンギングボウルが生まれた年代についても、大きく変わってくる可能性があることでしょう。

ここで視点を変えて、現代を生きる私たちにとって、チベットシンギングボウルがどのような意味や価値を持ち得るのかという点から考えてみると、また違ったストーリーが浮かんでくるかもしれません。

これまで述べてきたように、シンギングボウルとチベットとの関係については、今のところ具体的に証明できる大きな材料はなさそうです。しかし、シンギングボウルに何らかの「チベット的」な要素がない限り、多くの人がその2つを関連づけてとらえることもなかったかと思われます。少なくとも、シンギングボウルとチベットというイメージを強く結びつける理由があったに違いありません。

もともと多くのチベット人にとって、日常生活はチベット仏教と密接に結びついており、切っても切り離せないものになっています。例えば、普通のトラック運転手が何やら口ずさんでいるので耳を澄ましてみると、長いお経の一節だったり、物売りのおばさんが、夕方になると熱心に五体投地礼をしていたりします。子どもの時から仏教は生活の一部であり、彼らのアイデンティティそのものなのです。

また、チベット仏教で最も古い宗派ともされるニンマ派では、出家せずに通常の生活をしながら修行するスタイルが尊ばれており、日常の中で善行を積んでいけば、さとりを開き、輪廻からの解脱ができると信じられています。

チベット仏教では、さとりを開いた人は、虹の体になると言われていますが、いつもは仕立屋でミシンを踏んで服を作っていたおじいさんが、ある時、朝になっても出てこないので家に行ってみたら虹になっていた……などという話が熱心に語られることも多いようです。おじいさんは、人に見えないところで善行を積み、ミシンを踏みながらマントラやお経を無心に唱えていた、というわけです。

こうしたチベット人の姿は、チベットやインド・ネパールで初めて出会った外国人にとってはもちろん、現代の私たちにとっても、憧憬や畏怖の対象となることでしょう。日常の中で崇高な精神性を保つことや、そうした次元へと瞬時に入っていけるという点こそが、「チベット的なイメージ」であったとしたら、そうしたことを強く望む人たちの間で、シンギングボウルの特徴と結びつけられ、スムーズに受け入れられていったことも理解できます。これから、そうしたチベット的なイメージとシンギングボウルとの関係性について、もう少し掘り下げてお伝えしたいと思います。

チベット人の文化・宗教観との関連性

◆チベット人にとっての祈りとは

祈るという行為は、あらゆる宗教に共通のことですが、過酷な環境であればあるほど、人は大自然の力に畏怖し謙虚になると言われています。村上和雄氏は『人は何のために「祈る」のか』（棚次正和共著、2008年、祥伝社）という著書の中で、宗教的行為という枠を超えた「祈りの効用」を説いていますが、祈ることは私利私欲や現世利益的な目的に限定されるものではなく、直感を研ぎ澄まし、ブレない生き方を強めてくれると言われています。

チベット人の祈りは、他の行為と切り離されたものではなく、日常と密接につながっています。五体投地礼という体を投げ出すようにして祈る姿が有名ですが、それ以外でも、買い物や散歩をしている時、食事の時、遊んでいる時、そして仕事をしている時など、ありとあらゆる瞬間に、突如としてお経やマントラが唱えられ、その後すぐに現実に戻ってくるというような光景によく出くわします。

実際に話を聞いてみると、彼らは必ずしも自分や身近な人の幸運や無事だけを祈っているわけではなく、ここにいない遠い国の誰か、さらには虫や鳥やヤク（チベットに生息する牛の一種）や草木の安寧を祈っていたりもします。チベット人にとっての祈りとは、私たちが考える宗教的な祈りとは異なり、慈悲の心を高めさとりを得るための修行でもあり、ある意味、瞬間的な瞑想法でもあるのでしょう。

◆唱えることで広がる祈り

祈りと関連してチベット人に特徴的なことは、「唱える」という行為です。

先ほども挙げましたが、普通の人でもマントラやお経を暗記しており、それらを日常的に唱えています。実際にその場にいると、つぶやいている姿は、まるで瞑想状態に入っているかのようにも見えます。

マントラとは、真言とも訳されていますが、もともとサンスクリット語で「文字」や「言葉」を表します。短い言葉の中に、神仏を讃える祈りが込められており、唱えることで自身もさとりを得ることができるとされているのです。チベット人に最も人気が高い観音菩薩のマントラは、「オム・マニ・ペメ・フム」というもので、単に唱えられるだけでなく、文字などにされ、いたるところで目にすることができます。「オム・マニ・ペメ・フム」とは、慈悲・知恵・調和などによって達することができる「さとりの境地」を讃える観音菩薩のマントラなのです。

一方、お経は、同じくサンスクリット語の「スートラ」を漢字に訳したもので、こちらはブッダが弟子に語ったことを記録したものです。マントラは一文で終わる短いものがほとんどですが、お経にはさまざまな種類があり、長いものが多いです。マントラもお経も、自分自身の精神を調和・統一したり高めていくだけでなく、他の人や生きているものすべてを癒し救おうとするものと言われています。

チベットでは、マントラを唱えたりお経を詠むこと自体が功徳を積むことともえてい考ますが、石や旗などに書かれたお経が、風に吹かれることでも、詠んだのと同じ効果をもたらしてくれるとされています。実際、チベット仏教のお寺や仏塔などを訪れると、そのまわりに「タルチョ」や「ルンタ」と呼ばれるたくさんの旗がはためいているのを目にすることができます。お経は祈りの象徴でもありますが、唱えられることで音に姿を変え、慈悲の心を世界に広げていくという役割を持っているのです。

◆チベット仏教の声明とは

声明《しょうみょう》とは、マントラやお経に節をつけて唱えたもので、チベットでは僧侶によって唱えられる低い声が有名です。日本や他の国のものとは異なり、特徴的な重低音の倍音をともない、地の底から響いてくるような声は一度聞いたら忘れることができないインパクトがあります。

不思議なことに、この声明の倍音は、チベットシンギングボウルが奏でる倍音と酷似しており、シンギングボウルは単なる歌うボウルではなく、「マントラを唱えるボウルである」と言う人もいます。実際にシンギングボウルの音と、声明とを一緒に聞いてみると、両方の倍音がシンクロしているかのように思えることでしょう。

声明もシンギングボウルの響きも、お経やマントラのように「祈り」を音へと変えてくれるものであると言えるかもしれません。

◆マンダラ、マニ車、コルラという「円」

さらに、チベット人やチベット仏教にとって特徴的なこととして、祈りが「円」という形や、「回す」という行為に結びついている点があります。世界各地において、古代より「円い形」は、完全や永遠を表すものと考えられ、禅でも精神の調和や完全性のシンボルとして用いられてきました。実際に、禅において、一筆で書く「円相」は、宇宙全体の真理や悟りの境地を表すものとされています。

しかし、そうした中でも、チベット仏教における「円」は特に強い意味を持ってきました。例えば、マンダラの語源は「聖なる円」や「聖なる輪」と言われています。マンダラ研究者の田中公明氏が書いた『タンカの世界』（２００1年、山川出版社）によれば、マンダラの定義は「仏教で信仰される尊格（仏神）を、一定の幾何学的パターンに配置することで、仏教の世界観を表したもの」とのことです。

日本のマンダラは方形が多いのに対し、チベットのマンダラではほとんどが円形で描かれています。

チベットでは諸尊が集まる楼閣をかたどった方形の枠の外側に、神聖な領域を守る「火炎輪《かえんりん》」「金剛杵輪《こんごうしょりん》」「雑色蓮華輪《ぞうしきれんげりん》」が描かれるためだそうですが、実際にチベットのマンダラを見ると、語源のとおり円が多用されているのに気づくことができます。

また、チベットでは、「マニ車（お経を入れた回転車）」は回すことでお経を複数回唱えたことと同じ御利益があるとされ、仏塔のまわりをお経を唱えながら回る「コルラ」も円に関係した行為です。チベット人にとって、回ること、回すことは、日常の中に深く溶け込んでいながら、同時に聖なる意味を持つ特別な行為なのでしょう。

こうした習慣は、ネパール人やインド人の間では見ることはできませんが、チベット人にとっては当たり前の自然な行為であり、宗教的に特別な意味を持っているのです。そのため、シンギングボウルで円の縁をスティックで回すという行為も、チベット人と強く関連したイメージで受け入れられていったことが理解できます。

◆祈りを増幅させる「繰り返し」

また、祈りのための「回す」「唱える」という行為は、繰り返されることに大きな意味があります。例えば、数珠の本来の意味は何回唱えたかを数えるためのものとされており、途中でわからなくならないように「カウンター」がついています。高僧はひとつのお経を10万回唱えると言われており、1回唱えるだけではなく、数多く唱えることが良しとされているのです。コルラやマニ車も、延々とまわりを回る行為が続きますが、その背景には、円という形にも連なる永続性や永遠性への願望が込められているとも言えるでしょう。

こうしてみると、シンギングボウルは、単に叩くという方法だけではなく、回すことで鳴らすという方法を取り入れることによって、真価が発揮されます。実際、何度も回し続けていくと、先ほども書いたように、その音はマントラのような響きを伴ってきます。音とともに、円を描くという単調な行為により、不思議と雑念が消え無心の状態へとたどり着きやすくなるようです。楽器として考えてしまうと、単に回し続けるという行為は単調に思えますが、やはりシンギングボウルは楽器ではなく、心を癒し落ち着かせるためのツールなのではないかと考えます。

このように、「唱える」「回す」「繰り返す」という3つの点において、シンギングボウルとは、チベット仏教や文化に根づいた価値観と数多くの類似点を見出すことができるのです。

◆象徴化とは何か

ここで言う象徴化とは、あることを直接伝えるのではなく、他のもの（記号やモチーフ、隠喩など）を用いて表そうとすることです。特に宗教においては、神秘的な体験や言葉にならない真理などを伝えるため、象徴的な表現が多く用いられてきました。そのため、表現をそのままとらえるだけでは、本当の意味を理解できないことがあり、常に他の意味が隠されている可能性も考える必要があります。

例えば、仏教の初期には仏像や仏画が存在しなかったため、ブッダを表すものとして法輪、菩提樹、蓮の花、仏足（足型）、獅子、仏塔などが代わりに描かれました。

また、チベット仏教の儀式の例として、お経を唱えながら片手から片手へとバラバラと一気に経文をめくるしぐさを見ることができます。一見すると、まるでお経を速読しているかのように見えますが、おそらく、そこにも何か象徴的な意味が隠されていると考えられます。

先ほど挙げたタルチョ（お経が書かれた旗）やマニ車と同じで、めくるだけでお経を唱えるのと同じ効果が得られるという隠喩かもしれませんし、修行により一瞬でお経の内容が理解できることを表しているのかもしれません。

◆チベットシンギングボウルの象徴化

チベット仏教はチベット密教とも呼ばれ、こうした象徴化や神秘化を大きな特徴としてきました。仏のさとりとその方法は一般の人には容易に理解できないとされ、教団の中の限られた人だけに「秘密」が伝えられてきたのです。そのため、さまざまな形の儀礼が発達しましたが、外部にはそれらの意味が明かされないままでした。外部の人は、通常は見ることもできませんし、見ることができたとしても、その意味を理解することはできなかったのです。

シンギングボウルに関しても、「象徴化」という視点で見てみると、共通したイメージで受け入れられたと考えられます。

◆モチーフの種類と意味

これまでシンギングボウルをご覧になった方は、金色に鈍く光るシンプルなデザインのものをイメージされる方が多いことでしょう。しかし、チベットシンギングボウルにおいては、内側や外側にさまざまな文様やモチーフが書かれたり、彫られたりしているものが多く見られます。シンギングボウルは、チベット仏教に由来するデザインを施されることによって、マンダラやタンカといった仏画と同じく、象徴性が高められてきたと考えられます。モチーフの種類には、主に以下のようなものがあります。

【マントラなどの文字が描かれたもの】

・サンスクリット語のマントラ「オム」を形にした、いわゆる「梵字」
・チベット語のマントラ「オム・マニ・ペメ・フム」

【チベット仏教の仏神やシンボルなどが描かれたもの】

・ブッダの目

ブッダの目は、ネパールのカトマンズにあるスワヤンブナートという寺院の塔にも描かれていることでも有名です。一般のシンギングボウルだけでなく、チベットシンギングボウルにも、さとりを開いたブッダの目をシンボル化した「半眼」のモチーフが描かれていることがあります。スワヤンブナートは外国人にとっては観光地ですが、チベット人には聖地でもあり寺院でもあるため、寺院のまわりを祈りながら歩くコルラや、チベット仏教独特の祈りの方法でもある五体投地礼をしている人を見ることができます。

・尊格

ここでは詳細を述べませんが、タンカ（仏画）と同じく、如来《にょらい》、ブッダ、祖師《そし》（パドマサンバヴァなど、宗派の祖）、守護尊《しゅごそん》・忿怒尊《ふんぬそん》、菩薩《ぼさつ》、護法尊《ごほうそん》、羅漢《らかん》、仏塔の他、ターラー菩薩などの女性の尊格も多く描かれています。

・タシタゲ

チベットシンギングボウルでは、その中や外側に、チベット仏教で幸運をもたらすラッキーシンボルの「吉祥紋様《きっしょうもんよう》」が描かれることがあります。吉祥紋様は、もともとはインドで用いられ、その後中国や日本に伝わったとされていますが、仏教だけでなく、ヒンディー教やジャイナ教、中国では道教や儒教でも形を変えて見られるようです。チベットではタシタゲと呼ばれており、シンギングボウル以外の法具にも描かれていたり、儀式などにも使われます。

チベットのタシタゲは、次の８つを指します。

宝傘（ドゥッグ） 木と絹で作られた大きな傘で、富と社会的な地位の高さ、神聖さなどを暗示していて、災厄から護り、平安をもたらしてくれる象徴。前向きな精神性も表しています。

2匹の魚（セルニヤ） 川や水の象徴で、幸運や生命力、家族の繁栄を表しています。

宝瓶（ブムパ） 精神的・現世的な成就と、豊かさを司る仏神の象徴でもあります。

蓮華（ペマ） 泥沼から水面に花を咲かせることから、精神的な清らかさを表しています。

右巻き貝（トゥン） 右巻き貝はあまり見ることができないため、希少性を表しています。また、法螺貝は楽器としても用いられるため、仏教を広く四方に届けるための象徴でもあります。

永遠の絆（ペルベウ） 終わりのない結び目により、宇宙の真理と存在の本質（縁起）、ブッダの無限の知恵、動と静の調和を象徴しています。めでたさ、変わることのない愛情や友情などを表現し、チベット人の間で最も人気のあるモチーフでもあります。

勝利の旗（ギェルツェン） 無知や困難、支障などを知恵によって克服していくこと、そして永続的な幸福の象徴です。

法輪（コルロ） はじまりも終わりも、動も静もない車輪により、ブッダが説いた法輪

（宇宙の真理）、完全性、慈悲などを象徴しています。

こうした各種のモチーフは、オールドボウルと言われる古いボウル（30〜40年前のもの）には、ほとんど見ることができません。そのため、チベット的な象徴性は、シンギングボウルが広まる中で生まれ、さらに強化されていったのではないかと考えられます。

◆チベットにはシンギングボウルは必要なかった

ここまでチベットシンギングボウルについて色々と書いてきましたが、最後に私たちの結論を述べて、本書を終わりにしたいと思います。

シンギングボウルについて調べはじめてから、ずっと疑問に感じていたことは、なぜ、これほどシンギングボウルがチベットに関係するものとされてきたにもかかわらず、現実にはチベット仏教やチベット人には使われていないのだろうかということでした。この点について考え続けた結果、私たちはその理由を「チベットにはシンギングボウルがなくても良かったから」なのではと気づきました。シンギングボウルを瞑想やヒーリングの補助具とした場合、「唱える」「回す」「繰り返す」といったたくさんの手段を持ち、日常を祈りの中に生きている人々には、確かにこうした補助具がなくても問題なかったのだろうと思います。

◆シンギングボウルの現代的な意味

チベットシンギングボウルとはむしろ、そうした手段を持たず、常に時間と現実に追われている現代の私たちに向けて生まれたものだったのかもしれません。前述のように、シンギングボウルのワークは、心のあり方を変えるためのきっかけに力を貸してくれるものでもあり、最終的にはそれがなくても心の平穏を得ることができることを目指しています。シンギングボウルとチベットに関わりがあったかどうかは別として、シンギングボウルをチベット的な価値観の中で読み解くことで、未来に向けてより深く普遍的な広がりを見出すことができるのではないでしょうか。シンギングボウルは、現代の私たちにこそ必要なものであり、今後ますますその価値が高まってくるのではないかと考えています。

Column

シンギングボウルに出会う旅——4

■シンギングボウルとは

その後、私たちはお経の録音に向けた準備にかかることになり、ほどなくしてチベットシンギングボウルと出会うことになりました。お経と合う楽器か何かがないかと探していた時、高僧の関係者が法具の専門店やシンギングボウルの専門家を紹介してくれることになったのです。

　確かに、お経を唱える際には、ティンシャやベル、ガンターといった法具が一緒に使われていましたし、それらの音色はお経になくてはならないものでした。はじめに法具の専門店に行くと、青、黄、赤、緑、紫などの幕の前に、たくさんの法具が並んでいました。それらのひとつひとつは、形や音の完成度も異なりますが、それだけでなく、言葉では言い表せない不思議な趣があるのです。高僧をはじめとした僧たちが長年愛用している法具だけあって、ティンシャやベルも、それまで見たものとはレベルが違っていました。そうした法具を見た後、シンギングボウルの専門家を案内してもらったのです。

　ネパールやインドのチベット人が住む地域では、お土産物としてたくさんの金属製シンギングボウルが売られています。カトマンズやインドのダラムサラなどを訪れると、店先で客引きのおじさんが木製のスティックを用いて、「ブーン」という音を出している光景に出会うことができます。私たちも、それまでに何度か試したこともあり、おみやげ用として小さめのものを買ってみたりしたこともありました。しかし、その専門家が見せてくれたものは、外見も音も、どことなく今まで見たものとは違っていました。

自分で鳴らそうとしてみると、最初はあまりうまく音を出すことはできませんでしたが、鳴らしているうちに、なぜか、あのチュウの儀式や尼僧の読経が頭に蘇ってきたのです。ボウルから出ているにもかかわらず、その音は、お経とどこかでつながっている気がしました。

■チベットシンギングボウルとの出会い

「このシンギングボウルは他のものとは何か違いますね？　なぜ違うのですか？」

私たちは、その専門家に尋ねてみました。すると、彼は、手に持った数珠を指で数えながら、こう答えました。

「もちろん、違うはずさ。これは、特別なシンギングボウルだからね」

彼によれば、シンギングボウルにもさまざまな種類があり、そのシンギングボウルは、他とは異なる特別な響きが出せるものだというのです。卸が専門で個人との取引はしていないようでしたが、私たちは無理を言ってひとつだけ譲ってもらうことにしました。興味を覚え、さらにくわしく聞き出そうとしましたが、専門家は軽く目配せすると、それ以上答えようとはしませんでした。そろそろ退散するタイミングなのは明らかでした。

外に出ると、高僧は待ちかねたかのように早足で先を歩き出しました。子どもたちの泣き声が響き、強烈な香辛料の匂いが充満する路地を小走りで追いかけながら、私たちは頭の中で、その時浮かんだ問いを反芻していました。

「このシンギングボウルは一体何が違うのだろう？」

しかし、歩いているうちにカトマンズの喧騒と暑さ、土埃に参ってしまい、高僧に別れを告げて宿に戻ると、そのまま倒れこむように眠りについてしまいました。

■高僧と別れ、ネパールを後にする

ゴーン、ゴーンという鐘の音が遠くで聞こえ、夕日がオレンジ色からまばゆい金色、そして青から薄い灰色のグラデーションとなり、巨大な仏塔の影を浮かび上がらせていきます。やがて、漆黒の闇が静かに訪れ、仏塔のまわりを回る人たちの声と僧侶たちの読経、灯明としてともされるバターランプの焦げる匂い、人々の汗、お香の香りなどがオーバーラップしていきました。

私たちは、お坊さんと尼僧のお経の録音が無事終わり、高僧に別れを告げるためにお寺に向かっていました。例の複雑な路地を抜け、わずかな白熱灯を頼りに高僧のお寺を訪ねると、高僧は満面の笑顔で迎えてくれました。そして、私たちにお茶をふるまった後、ゆっくりと雑談をはじめました。雑談の間、ふとしたきっかけから、シンギングボウルの話題になったのです。

「あなたたちは、シンギングボウルに興味があるのですか？」

私たちがうなずくと、高僧は続けました。

「あなたたちがどう考えているかはわかりませんが、シンギングボウルはチベット仏教の法具ではありません。私たちは、プジャ（儀式）や祈祷にシンギングボウルは使わないのですよ」

その時は特に注意を払っていなかったこともあり、その言葉は私たちの側を風のように通りすぎていきました。くわしい説明を聞くこともできませんでしたし、私たちも言葉の意味について深く考えることもなかったのです。私たちは、高僧にお礼とお別れを告げ、翌日ネパールを後にしました。

■チベットシンギングボウルの謎を解く旅

日本への帰国後、私たちはしばらくお経CDの制作に没頭しなければならず、チベットシンギングボウルのことはすっかり忘れていました。お坊さんや尼僧たちが唱えてくれたお経の感動をきちんと伝え、さらに高僧と話したことを実現していくには、これまでとは違う方法やスタイルを自分たちでゼロから考え、作り上げていかなければなりません。それは、高僧が言っていたように、決して楽な道のりではありませんでした。

そんなある日、そのままにしていた包みをほどいてみると、あのチベットシンギングボウルが出てきました。はじめはシンギングボウルの専門家がしていたことを思い出しながら、恐る恐る使っていくと、そのチベットシンギングボウルは、まるで息を吹き返したかのように響きはじめたのです。その時は理由がわかりませんでしたが、それはやはり、あのチュウの儀式や尼僧のお経を聞いた時と同じ感覚でした。そしておみやげ用として買った他のシンギングボウルとくらべてみると、その違いは明らかだったのです。

私たちはその後、シンギングボウルの響きに惹きつけられ、様々な情報を収集しただけでなく、実際に世界各地からシンギングボウルを取り寄せ、比較・分析をしてみました。さらに、色々な場所を訪れ、シンギングボウルについての聞き取りを行い、専門家と言われる人のワークショップやヒーリングなどを受けてみたのです。

しかし、なぜか最初に出会ったシンギングボウル以上の響きには出会うことができませんでした。結局のところ、どのシンギングボウルも、あの専門家から紹介された「特別なシンギングボウル」を超えることはなかったのです。その後、関心の高い人の間でも話題になり、どうしても譲って欲しいという人が増えてきました。そこで、高僧の関係者の方を通じてお願いし、特別に日本にも紹介できるようになったのです。

実際にシンギングボウルを扱うようになってからも、私たちは、「チベット仏教ではシンギングボウルは使わない」と言った高僧の言葉を幾度となく思い出しました。そして、その言葉の持つ本当の意味を考えることになったのです。

なぜ、これほど多くの人を惹きつけるのに、実際にはチベット仏教やチベット人の間では使われていないのか？

私たちにとって、チベットシンギングボウルとはどのような意味があるのか？

私たちは、チベットシンギングボウルをど

のように用いていくべきか？

こうした疑問を解くため、シンギングボウル自体以外にも、周辺の国々の民族楽器、法具、さらにはヒーリングやスピリチュアル、カウンターカルチャーなどの情報も集めることにしました。私たちが訪れた国は、インド、ブータン、チベットをはじめ、スリランカ、インドネシア、タイ、マレーシア、ミャンマーなどのアジア諸国、ドイツ、フランス、イギリス、アメリカ、カナダなどの欧米諸国、そして日本各地にまたがることになりました。本書では、そうした調査の結果わかったことをもとに、「シンギングボウル」に関するこれまでの定説や仮説、今後の将来性などに対する私たちの考えをすべて記しました。

しかし、シンギングボウルを巡る旅はまだ終わったわけではありません。今度は、これまで学んだエッセンスを、現代の日本の方たちにもわかりやすいものへとまとめ、さらに世界へと発信していくことを考えています。私たちの旅は終わるどころか、第2章がはじまったばかりなのです。

おわりに

２００６年6月、お経の録音に協力してくれた高僧や尼僧の故郷でもある中国本土のチベット文化圏に1ヶ月ほど滞在し、そのうちの何人かとも再会することができました。

初夏のチベットは、長く厳しい冬の後のきらめきに満ち溢れています。高度４０００～５０００メートルの峠をいくつも越えて進むと、消え入りそうな天空の山々を望む草原には、まばゆいばかりの緑と白、赤、紫や黄色などの多彩な高山植物が顔をのぞかせていました。

時々、草原の中の孤島のように、今でも伝統的な暮らしを続けている遊牧民たちのテントがありました。日本人の家には平均すると3万点以上のモノが溢れているのに対し、チベットの遊牧民は多くても３００点ほどのモノしか持たないそうです。シンプルな暮らしで生涯を移動しながら過ごし、死んだ後は鳥葬によって天に帰っていく。政治的・経済的な理由で定住する人が増えてはいますが、チベットの文化や考え方は、こうした風土や生活の影響を強く受けているのだろうと思います。

それから2年後の2008年5月に中国・四川省が、2010年4月にはさらに青海省が大地震に見舞われました。いずれもチベット人の街や村もほぼ壊滅したと報じられましたが、外国人は訪問や連絡が禁止され、知人たちの多くは消息がわからなくなってしまったのです。

また、前後してチベット自治区をはじめ近隣諸国でも政治的な衝突や混乱が続き、私たちがシンギングボウルに出会うきっかけを作ってくれた高僧も、ネパールから国外に亡命することになりました。チベット文化圏に暮らす人たちを取り巻く状況は大きく変化しており、彼らの伝統や文化、そしてチベットシンギングボウルも、今後ますます希少なものになっていってしまうかもしれません。

チベットシンギングボウルの音が空間に消えていく時、多くの方が人の心の奥底へと響く「儚さ」や「哀しみ」を感じると言われます。それは、チベット仏教が説いているように、形あるものがすべて移ろうこと、そしていつか消えていくことを思い返させてくれるからなのかもしれません。しかし、それらは単に儚く哀しいだけでなく、私たちが出会ったチベットの人々がそうであったように、明るさやおおらかさ、未来へとつながる希望をも同時に含んでいるような気がします。

同じように比べることはできませんが、現代の日本に生きる私たちも、ますます混迷の中にいると言えそうです。多くの人が理想と現実とのギャップに悩み、中には心を病んでしまう人も少なくありません。しかし、シンギングボウルの響きに接するたび、高僧が私たちに教えてくれたように、私たちは心のあり方を変えることで、自分の波動を変え、現実や未来をも変えていくことができるではないかと思うのです。

チベットの高僧やシンギングボウルとの出会いは偶然に過ぎませんでしたが、ここまで20年近くも続けてこられたのは、日々サポートしてくれたスタッフをはじめ、たくさんのお客様や関係者の方々からの励ましやご協力あってのことと深く感謝しています。そして、これからもより多くの方がシンギングボウルの魅力と出会い、癒しと浄化の輪が世界中に広がっていくことを心から願っています。

★シンギングボウル・ヒーリングについて、さらに詳しく学びたい方は、「ISBA　シンギングボウル講座」で検索ください。

※ YouTube でも無料動画を配信しています。

https://www.youtube.com/channel/UCHuOGqY3pnkJYkznyk6PGJw

参考文献

"Buddihist Symbols" Dagyab Rinpoche Foreword by Robert A.F.Thurman
"Singingbowls an ABC" Greet Verbeke
"Singing Bowls - A practical handbook of instruction and use" Eva Rudy Jansen
"Working with Singing Bowls" Andrew Lyddon
"How to heal with Singing Bowls" Surren Shrestha
"Signs & Symbols" Mark O'connell and Raje Airey
"Singing Bowl-Excercise for Personal Harmony" Anneke Huyser
"Unique Singing Bowl" Dick de Ruiter and Varelie Cooper
『ダライ・ラマ　瞑想入門』ダライ・ラマ14世、春秋社
『抱く言葉』ダライ・ラマ14世、イースト・プレス
『ハートフル・メッセージ』ダライ・ラマ14世、春秋社
『図説　チベット歴史紀行』石濱裕美子、河出書房新社
『タンカの世界　チベット仏教美術入門』田中公明、山川出版社
『真言・梵字の基礎知識』大法輪編集部、大法輪閣
『シンボル辞典』水之江有一、北星堂書店
『チベッタン・ヒーリング』テンジン・ワンギェル・リンポチェ、地涌社
『虹と水晶　チベット密教の瞑想修行』ナムカイ・ノルブ、法蔵館
『チベット密教の瞑想法』ナムカイ・ノルブ、法蔵館
『チベット密教　図説マンダラ瞑想法』ツルティム・ケサン、正木晃、ビイングネットプレス
『チベット密教　心の修行』ゲシェー・アソナム・ギャルツェン・ゴンタ、法蔵館
『夢の修行　チベット密教の叡智』ナムカイ・ノルブ、法蔵館
『チャクラヒーリング』リズ・シンプソン、産調出版
『一瞬で心と体を癒す「クリスタルボウルの響き」』牧野持侑、マキノ出版
『サウンド・ヒーリング』オリヴィア・デューハースト・マドック、産調出版
『倍音　音・ことば・身体の文化誌』中村明一、春秋社
『「密息」で身体が変わる』中村明一、新潮社

編著　一般社団法人国際シンギングボウル協会（ISBA）

シンギングボウルの生みだす質の高い倍音、波動、響きを通じて、多くの人が、自分らしさを取り戻し、楽しみ、癒しを学び、人と気持ちよく交流する磁場を創出するために、2009年に設立。シンギングボウルの楽しみをきっかけに、人を思いやるやさしい気持ち、慈悲の心に基づいた、人としてよりよいあり方・方法を、シンギングボウルを通じて深め、高めていくことで、社会とのかかわり方、音楽、および癒しのクオリティの向上を目的としている。

http://www.singing-bowl.org/

演奏　長屋和哉（ながや かずや）

アジアに広く分布する密教・仏教法具、金属製打楽器を中心に演奏するミュージシャン。2007年、映画『地球交響曲第６番』（龍村仁監督）に出演。映画、ＴＶにも楽曲を提供する。ライブではカール・ストーン、近藤等則、山口小夜子、スーザン・オズボーン、おおたか静流他、アメリカインディアンの語り手、チベット密教僧の読経など様々なジャンルとのコラボレーションを行う。1987年、小説『インディオの眩しい髪』で文芸春秋文学界新人賞佳作を受賞。2007年にエッセイ集『すべての美しい闇のために』（春秋社）、2014年には『ナヘルの鐘』（樹林社、音楽ＣＤ付き）を上梓するなど、濃密かつ力強い世界を言葉と音の響きにより紡ぎ出す詩人であり、その活動は海外にも及び幅広い。

1日10分で深い癒しと浄化を得られる
シンギングボウル入門

2014年9月26日　第1版第1刷発行
2023年11月24日　　　　第5刷発行

編著者――――一般社団法人国際シンギングボウル協会
発行所――――WAVE出版
〒102-0074　東京都千代田区九段南3-9-12
TEL 03-3261-3713
FAX 03-3261-3823
振替 00100-7-366376

E-mail: info@wave-publishers.co.jp
https://www.wave-publishers.co.jp

印刷・製本――萩原印刷

NDC140 158p 21cm
ISBN978-4-87290-705-6